최재형
신드롬

'진짜가 나타났다'

최재형
신드롬

임헌조 지음

이가서
Leegaseo publishing

| 사진으로 보는 최재형

2006년, 입양한 두 아들들과 함께 찍은 가족사진이다. 표정이 참 좋다. 그리고 부럽다. 갈등의 정치가 사랑의 정치로 바뀔 수 있지 않을까? 이 사진을 보면서 그럴 수도 있다는 생각을 한다.

3대가 군인의 정신 아래에서 파이팅을 외친다. 왼쪽부터 최재형, 아들 최영진, 전쟁영웅인 아버지 최영섭 예비역 대령이다. 6·25 전쟁 기념일로부터 3일 뒤인 2016년 6월 28일이다. 아버지 최영섭 대령의 가슴에 달려 있는 훈장이 이들의 미소를 더욱 건강하게 만들고 있다. 〈해군에서 제공〉(위)

큰아들을 입양한 후 가족사진을 찍었다. 아들도 커서 해군에 입대한다. 할머니는 지갑 속에 손주의 사진을 고이 간직하고 다녔다고 한다.(아래)

손자와 함께 사진을 찍는 할아버지의 모습이 너무 아름답다. 최재형의 아버지 최영섭 예비역 대령은 인천상륙작전에 참가했던 전쟁영웅이다. 3대에 걸쳐 바다를 지키는 집안의 헌신과 애국심에 절로 머리가 숙여진다. 손자 최영진 이병의 미소만큼 대한민국 해군은 당당하다. 〈해군에서 제공〉

2018년 서울 용산 육군회관에서 최재형의 아버지 최영섭 예비역 대령이 해군 장학기금을 전달한 후 사진을 찍고 있다. "해군 참전용사 자녀를 위해 할 수 있는 노병의 마지막 마음"이라며 "금액은 약소하지만 노병의 작은 뜻을 받아달라"고 했다. 3천만 원이었다. 아들 최재형이 기부천사가 된 것은 집안의 내력인가 보다.

2018년 '마지막 유언 같은 인터뷰'를 하면서 경례를 하는 최영섭 예비역 대령. 미소가 해맑다. 90년 세월 동안 몸이 망가졌다고 엄살을 부리지만, 얼굴과 가슴에 피어난 자랑스러운 애국심이 보는 이를 당당하게 만든다. 2021년 7월 8일 영면에 드셨다. 부디 하늘에서도 대한의 바다를 지켜주소서.

信仰으로 승화한 「友情10년」

나란히 司試합격한 姜明勳·崔在亨군 "짙은 사귐"

肢體부자유 姜군의 손·발되고

친구에 "구김살없는 마음" 보답

밤새우며 苦惱 격려하기도

고교·大學 함께 다니며 무르익어

"人間愛 실천했을뿐"

《조선일보》의 1981년 6월 18일 자 기사다. '신앙으로 승화한 우정 10년'이라는 제목이다. 대표적인 '최재형의 미담'이다. 최재형처럼 미담이 흘러넘치는 정치인이 많으면 좋겠다. 최재형과 그의 친구처럼 여·야 정치인들이 원칙을 지키면서 하나가 된다면 우리나라의 정치도 일류가 될 것이다.

최영진
1시간 · ○

안녕하세요. 최재형 전 감사원장 큰아들 최영진입니다.

이미 많은 분들이 아시다시피 저는 입양되었습니다. 입양되기 전에는 제 자신이 부모님도 없고 고아라는 점에서 항상 부끄럽고 속상하고 숨고 싶어서, 잘 나서지도 못하고, 제가 처해있는 상황 때문에 우울했습니다. 그게 입양온 이후에도 조금 이어졌습니다. 특히 저는 초등학교 때 입양되었기 때문에 그 당시에는 민주당의 기사처럼 말씀하시는 글들이 달콤하게 들렸습니다. 왜냐하면 그 때는 제가 저를 부끄럽게 생각했을 때였으니까요.

하지만 살아오면서 하나님의 손길로 저는 진짜 많이 치유 되었고 저는 더이상 부끄럽지 않고 당당합니다. 저는 그래서 아빠가 이런 점을 더 언급했으면하고 전했으면 좋겠습니다. 그래야 많은 아이들이 저처럼 극복할수 있는 발판과 밑거름이 될수있기 때문입니다. 사회의 인식도 바뀌고요. 사실 저런 부분은 저처럼 고아였던 아이들이 아픔을 공감하지, 다른 사람이 위하는 척하고 그러는건 가식이고 가면으로 느껴집니다.

하지만 저희 아빠는 직접 저와 부딪히고 이겨내셨기 때문에 아빠가 제 마음을 이해하고 저 같은 아이들을 위로 할수 있다고 생각합니다. 그래서 아빠와 같은 사람들이 할 수 있는 일이고, 도와줄 수 있는 부분이라 생각합니다.

더 많이 언급해주세요.

아직도 많은 아이들이 입양을 기다리고 있습니다.

2007년 10월 10일 ────────────

아이가 자는 모습을 들여다보고 있자면 이 아이를 입양했다는 사실이 생소하게 느껴지고, 입양 사실을 확인하는 순간 가슴이 저려오곤 한다.

2021년 7월 더불어민주당의 부대변인이 "아이의 입양을 더는 언급하지 말라!" 고 비판하자, 최재형의 아들 최영진이 직접 자신의 페이스북에 입장을 밝혔다. 아직도 '아빠'라고 부르는 모습이 정겹다. 한 사람이 다른 사람을 만나면서 운명이 어떻게 바뀔 수 있는지를 여기에서 본다. 우리 국민도 새로운 '정치인'을 만난다면 새로운 운명을 맞이할 수 있지 않을까?(위)

최재형의 부인 이소연 씨가 쓴 『입양일기』 중에서. 〈조선일보에서 제공〉(아래)

박원순 시장이 이끌던 서울시와의 관계도 녹록치 않았다. 2019년, 서울시가 무기계약직 1천여 명을 절차를 지키지 않고 일반직으로 전환한 것이 문제였다. 최재형은 이들 중 14.9퍼센트 이상인 200명 안팎이 서울시 산하 공기업 재직자들과 친인척 관계였다고 지적했다. 서울시가 추진하던 미니 태양광 사업의 위법 사례도 적발했다. 최재형에게 걸리면 피해갈 수 없다. 정치 논리를 배제하고, 국민의 세금이 어떻게 쓰였는지, 공무원들이 월급을 축내고 있지는 않는지를 국민의 편에서 냉혹하게 파악하면서 감사원을 이끌었다.

당당하게 할 말 하면서 국민의 감사원장으로 일할 때다. 이 당시 '원전 감사' 발언으로 여당과 이에 동조하는 일부 시민단체들로부터 거센 저항을 받았다. 감사원장이 '원전 조기 폐쇄'를 문제 삼는 것을 정치적 중립성 위반으로 몰아가기까지 했다. 자기들은 건드리면 안 된다는 논리였다. 이는 감사원의 독립성을 해치는 행위다. 최재형은 그 모진 상황을 어떻게 버텨냈을까?(위)

2017년 말이다. 감사원장 후보자의 자격으로 국회 인사청문회에서 선서를 하고 있다. 이때 최재형은 당당하게 말했다. "감사원의 독립성을 확고히 지켜 나가겠다." 이때는 여·야 모두 칭찬 일변도였다. 그런데 최재형이 독립성을 지키며 공직사회를 감사하기 시작하자 여당은 '개가 주인을 무는 행위'라고 핍박하며 최재형을 몰아세웠다.(위)

해가 바뀌어도 '월성 1호기 원전 조기 폐쇄'와 관련한 감사원과 여당의 대립은 이어졌다. 심지어 최재형 감사원장이 여권으로부터 사퇴 압력을 받고 있다는 이야기까지 나왔다. 당시 청와대가 추천한 감사위원을 거절하여 여당으로부터 거센 저항을 받기까지 했다. 이때 최재형의 논리는 이러했다. "감사의 독립성을 보장하기 위해서는 사람이 중요하다. 원칙과 소신으로 권력 앞에 당당할 수 있는 사람이 아니라면, 정치 논리로 감사원의 독립성을 훼손할 수 있는 사람이라면, 국민의 편에서 감사원을 지키기 위해 거절할 수밖에 없다."(왼쪽 아래)

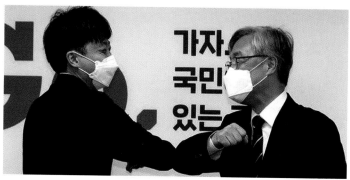

윤석열과 최재형. 운명의 여신은 누구의 손을 들어줄까? 확실한 것은 희망의 신이 대한민국의 손을 들어줄 것이라는 사실이다! 필자는 그러리라 믿는다.(위) 2021년 7월 15일, 최재형이 국민의힘에 입당했다. 이때 최재형은 이준석이 키가 더 크다는 사실을 알았다. 눈가에 핀 웃음주름과 팔꿈치로 뭔가가 전해진다. 정치의 길을 가고자 결심한 순간 최재형은 무슨 생각을 했을까? 최재형이 받은 소명이 궁금하다.(아래)

미장원이다. 머리도 다듬고, 염색도 했다. 항상 넥타이를 단정하게 매고 있는 모습만 보다가 이런 사진을 보니 새롭다. 무대 뒤의 최재형을 만나는 소중한 기회다.

무엇을 바라보고 있을까? 최재형은 오직 국민의 편에서 살아왔다. 나라를 위한 선택을 할 때마다 주저하지 않았다. 안경 뒤로 보이는 눈빛에서 굽히지 않는 원칙이 살아 있다. 다문 입가에서는 확고한 의지가 느껴진다. 최재형이 살아온 삶이 그대로 전해진다. 대한민국의 자긍심과 새로운 희망을 국민에게 주고 있다.

최재형 신드롬

최재형 '용어 설명'

이 책을 읽기 전에 이 '용어 설명'을 정독하기를 권한다. 대한민국 그리고 2017년 대통령 선거판을 읽는 과정에서 유용한 길잡이가 되어줄 것이다. 그동안 잘못된 개념 때문에 우리 사회를 색안경 끼고 보았다면, 이제 그 안경을 벗고 맑은 눈으로 우리 사회를 보자. 세상을 본다는 것은 의미들을 해석하는 것, 나아가 의미를 부여하는 것이다. 사람, 사물, 사건에 대해 눈을 바르게 뜨는 것이다. 비전(vision)은 세상을 변화시키는 의지의 투사(投射)다. 이제 새로운 세상에 눈뜨고 다가가자.

최재형

1956년 경남 진해에서 태어난 한 사람이다. 전업주부인 아내 이소연 씨와의 사이에 배가 아파 낳은 두 딸과 가슴으로 낳은 두 아들을 두었다. 머리가 좋아 경기고등학교와 서울대학교 법대를 졸업했다. 사법고시에 합격한 이후 강직하고 원칙 있는 법관으로 살아왔다. 문재인 정부의 초대 감사원장으로 활동했다.

판사 최재형보다 인간 최재형에게 더 많은 스토리가 있다. 독립유공자인 할아버지와 전쟁영웅인 아버지 아래에서 애국심과 나라에 대한 충성심을 익혔다. 집안의 남자 모두가 국방의 의무를 마다하지 않았다. 모범적인 노블레스 오블리주(noblesse oblige) 실천 가문으로 소문이 나 있다. '미담제조기'라는 별명도 있을 정도로 주변을 따뜻하게 하는 수많은 일화가 있다. 그간의 삶에서 향기를 내뿜는다.

최근, 감사원장직을 사퇴한 뒤 대통령 선거에 나섰다. 인간 최재형이 성공할지, 아니면 또 다른 일화만을 남길지는 아무도 모른다. 하지만 대선(대통령 선거) 경주에 나선 그 자체만으로도 국민들의 관심을 끌고 있다. "진짜가 나타났다!"는 평가를 듣기 때문이다.

'최재형'

이름 양쪽에 따옴표를 넣었다. 인간 최재형을 통해서 본 국민적 열망이자 상징이다. 애국심과 충성심의 화신이며, 대한민국을 비로소 바르게 이끌어나갈 수 있는 지도자의 표상이다. 어둠 속에서 등장한 국민적 희망이다. 갈등의 정치를 사랑의 정치로 변화시킬 이정표다. 겉과 속이 다르지 않은 진실한 모범이다. "이런 인물이라면 어디든 따라나설 수 있어!"라는 말이 절로 나오는, 국민들의 통합과 지지를 이끌어낼 새로운 정치의 바람이다. 낡은 이념적 잣대와 진영논리를 해소할 정치적 리더십의 유일한 소유자다. 국민의 마음을 어루만지는 위로와 치유의 정치가 무엇인지 보여줄 수 있는 유일한 인물이다. 하늘이 우리나라에 내려준 소중한 기회다.

최재형과 '최재형'

최재형은 '최재형'이기도 하고, 아니기도 하다. '최재형'은 최재형의 상징이자 이미지이기 때문이다. 둘이 만나 간섭할 때 에너지가 발생한다. 엄청난 양자 에너지는 대한민국을 새롭게 변화시킬 양자도약(quantum jump)을 일으킬 것이다. 하지만 둘의 간극이 너무 커 상징과 존재가 충돌할 경우, 양자도약은 일어나지 않는다. 그 대신 이상과 현실의 괴리가 발생한다. 그래서 최재형과 '최재형'이 하나가 되기를 많은 사람이 기원한다. 최재형과 '최재형' 또한 처음 가볼 정치의 길, 그 길에서 헤매지 않고 서로를 찾기를 바란다.[1]

---

[1] 선거는 전략이며 과학이다. 신앙의 범주가 아니다. 이것을 최재형이 깨닫고 현실적으로 접근한다면 '최재형'에 근접해갈 것이다. 하지만 정치적 아마추어리즘에 머물러 길을 잃는다면, '최재형'은 하나의 희망으로

아쉽게 남을 것이다. 그렇다면 전략은 무엇인가? 제한적인 '환경', '시간', '물적·인적 자원'을 효과적으로 나누고 배치하여 최선의 결과를 내는 것이다. 좋은 자원을 가지고도 국민의 마음을 얻지 못한다면, 후보자와 캠프의 문제 아닌가! 그런 사람들은 동전을 남에게 빌려줘 이자라도 취하려는 시도조차 하지 않고 땅에 묻어둔 '게으른 일꾼'으로 평가받을 것이다.

다른 차원으로 접근하면 이렇다. 성경에 이런 말이 있다. 뱀같이 지혜롭고 비둘기같이 순결하라.(마태 10:16) 예수가 세상에 포교하라면서 제자들을 떠나보내며 한 말이다. 무슨 뜻인가? 아무리 순수해도 세상의 혼탁함에 휘둘리면 소용없다는 뜻이다. 신이 보호해주지 않냐고? 어림없는 소리다. 뱀처럼 지혜롭게 분별력을 갖고 효과적으로 접근하지 않는다면 말짱 도루묵이다. 매사에 신의 도움을 요청하는 사람들이야말로 위선자다. 자신들의 무능력을 인정하지 않고서 오직 신을 탓할 뿐이니까.

'순결함'은 정체성과 같다. 화장으로 숨길 수 없다. 오랜 세월 동안의 삶으로 인정받고 스스로 증명하는 것이다. 세상의 전략과 전술로 복음을 전하더라도 그것을 전하는 사람이 본질·본성을 잃지 않아야 '복음'이 된다. 뒤집어서 '순결함'을 인정받더라도 '지혜'가 뒷받침해주지 않으면 소용이 없다. 아마도 최재형이 '최재형'으로 변화해나가는 과정에서 겪을 최대의 숙제가 될 것이다.

누구든 최재형에 대해 이야기하면서 대한민국 그리고 보수의 정체성에 관한 의문을 던지지는 않는다. 이것은 최재형의 장점이자 단점이다. 최재형이 중원(中原)을 향해 아무리 열심히 달려가도 사람들은 그가 영토를 확장하는 것으로 볼 뿐, 그의 정체성에 문제를 제기하지 않기 때문이다. 반면, 그가 가만히 있으면 그의 위치는 오른쪽에 치우치면서 중원으로부터 멀어진다. 선거는 중원에서 결판이 난다. 정체성을 증명하기 위하여 애를 쓸 시간을 벌었다면, 뱀의 지혜로 중원의 영토를 넓혀야 한다. 여기에는 '미담'이 큰 역할을 할 것이다.

한편, 최재형은 유일무이한 존재이지만, '최재형'은 누구나 될 수 있다. '최재형'은 표상이기 때문이다. '최재형'은 상상 속에서 만들어진 허구가 아니라, 구체적인 실존에서 발화한 불길이다. 누구라도 그와 닮아가려는 의지만 있다면 '최재형'은 어디서든 피어난다.

또한 누구나 '최재형'이 되어야 한다. 우리 안에서 꿈틀거리면서 잠들어 있는 '무언가'가 깨어나고 있기 때문이다. 그러니 대한민국 국민이라면 모두가 당당하고 의연하게 모범적인 삶을 살아가는 '최재형'이 될 수 있다. 그런 '최재형'이 모여 새로운 희망과 비전이 넘칠 세계 속의 대한민국을 깨운다. 이러한 차이와 경향은 '최재형 팬덤(fandom, 팬들의 자발적 모임)'과 '최재형 신드롬'으로 이어진다.

최재형 팬덤

최재형을 통해 '최재형'을 만난 사람들이 서로 기뻐하며 자발적으로 모여 형성한 흐름이다. 전국적으로 현재까지 확인된 것만 수십 개가 넘는다. 케이팝(K-Pop)이 새로운 문화적 비

비둘기의 순결함은 있어도 뱀의 지혜를 못 갖추었다면, 최재형은 최재형으로 남게 될 것이다. 아직 때가 되지 않은 것이다. 자신을 '최재형'으로 인도할 분별력과 지혜를 갖출 때까지 신화로 남아 있을 것이다.

전이었다면, 최재형 팬덤은 새로운 정치적 비전이자 대한민국 국민이 깨어나고 있는 증거다. 그러니까 전국에서 이렇듯 조용한 혁명이 일어나는 중이다. 대한민국의 새로운 자각이요, 새살이다.

최재형 신드롬

이 책을 통해 확인하자.

대한민국

1948년에 세워졌다. 38선에 의한 분단은 6·25 전쟁을 거치면서 휴전선으로 이어졌다. 그리고 '한강의 기적'으로 세계를 놀라게 했다. 하지만 '한강의 기적'의 이면에는 압축적 고도성장 때문에 곳곳에 생긴 상처와 아픔이 아주 많이 존재한다. 예를 들어, 좌·우 이념 대립과 극단적 진영논리라는 대표적인 폐해가 그것이다. 역대 모든 대통령들의 끝도 좋지 않았다. "기업은 1류, 정치는 3류"라는 평가도 듣는다. 그래서 대한민국은 기로에 서 있다. 하지만 나라가 위기에 처할 때마다 발휘되는 국민의 저력은 어쩌면 대한민국의 유일한 희망이다.

386 운동권

1990년대를 풍미했던 단어다. 이 단어의 의미는 1990년대 당시 30대의 나이였으며, 1980년대에 대학을 다녔던, 1960년대에 태어난 세대를 말한다. 특히 급진적 사상에 빠져 소위 '운동권'으로서 젊은 시절을 보낸 사람들을 일컫는다. 이들의 나이가 40대가 되자 앞의 숫자를 바꿔 486, 50대가 되자 586이라는 식으로 표현을 바꾸는 경향이 생겼다. 앞으로 686, 786, 886, 986 등으로 불릴 것이다.

이들의 영향력은 좀처럼 사라지지 않을 것이다. 대학 시절에는 급진적 사상으로 사회를 어지럽히더니, 그걸 발판으로 삼아 어느덧 하나둘 현실 정치에 입문하여 나라와 정치를 혼탁하게 하고 있다. 일부는 철없을 때 마르크스-레닌주의와 주체사상에 빠져 활동한 시간을 참회하며 전향하였으나, 대다수는 그런 전향을 손가락질하며 비난했다. 명시적으로 전향한 일부 사람들이 '국민의힘'에 있다면, 뚜렷하게 전향하지 않은 다수의 사람이 '더불어민주당'에서 활동한다.

386 운동권은 대한민국 현대사의 아픈 손가락이다. 문제는 그 손가락이 대한민국 국민들의 몸과 정신을 아프게 한다는 점이다. 그래서 필자 등이 386 운동권의 퇴출을 매번 소리 높여 외치지만 현실은 녹록치 않다. 급진 좌경의 사고방식들이 대한민국의 구석구석에서 대한민국을 질식시키고 있기 때문이다. 그리고 지금은 이들이 하나의 정신·이데올로기로 자리

잡았다. '망령'이 된 것이다. 깨끗한 척하는 선민의식에 사로잡혀 있는 386 운동권 정치인들이야말로 내로남불의 극치다. 대표적인 인사로 '조국'을 들 수 있다.

대한민국의 역사를 오욕의 역사인 양 폄훼하고 대한민국의 정통성을 훼손하는 경향의 뿌리에 이들이 있다. 대한민국이 새로운 시대로 나아가려면 이들을 뛰어넘어야 한다.

보수(保守)

'보수'가 우리나라에서 주류였던 때가 있다. 60퍼센트 이상의 국민이 주저 없이 자신을 보수라고 소개했었으니까 말이다. 그런데 2000년대 들어와 상황이 변하기 시작했다. 보수는 시나브로 비주류로 전락했고, 소위 '진보'가 주류가 되었다. '보수'의 반대는 '진보'가 된 지 오래다. 과연 이 정의는 맞는가?

다른 한편, 2000년대 초 일부에서 "좌파와 우파로 구분하여 부르자"는 목소리가 커지기 시작했다. 보수가 갖는 부정적 의미를 고려한 대처법이다. 프랑스 대혁명이 전개되던 18세기 말 프랑스에서 오른쪽에 왕당파가 왼쪽에 공화정파가 앉던 사례에서 유래된 좌·우 개념을 차용하자는 것이다. '좌·우'는 상대적인 개념이다. 국민을 반으로 나누어 진영화하는 개념이다. 스스로 자신의 영역을 위축시키는 축소지향성을 갖는다. 결국, 절충하여 '보수우파'와 '진보좌파'라는 말을 사용하는 경향이 생겼다.

1. 우파의 반대는 좌파라고 한다. 좌파냐 우파냐는 정책의 문제로도 이어진다고 한다. 하지만 보수도 시대정신과 상황에 따라 좌파의 정책을 선택할 수도 추진할 수도 있다. 예를 들어 박정희 정권 때 추진한 '의료보험 정책', '연금보험 정책' 등이 있다. 특히, 최근에는 인공지능(AI)의 발전에 따른 4차산업혁명 등에 따라 좌·우 구분이 정책과 관련해서는 모호해지고 있다.

2. 보수(保守)의 반대는 무엇인가? 흔히 '진보(進步)'라고 알려져 있다. 하지만 이것은 잘못된 개념이다. 지난 수십 년간 한국 사회가 관행적으로 사용하면서 굳어진 표현일 뿐이다. 보수의 사전적 정의는 다음과 같다. '공동체를 유지해온 전통과 문화를 보전하고 가꾸어 지킴', 여기서 '보전(保全)'은 연속적인 유대와 지속가능성을 의미하고, '가꾸다'는 표현은 '현재에 머물지 않고 좋은 상태로 만들려고 보살핀다'는 뜻이다. 물론 '지킨다'는 보전하고 가꿔야 할 공동체와 가치를 내부의 적과 외부의 침입으로부터 지킨다는 뜻이다.

3. '진보'를 뜻하는 영어 단어는 여러 가지가 있다. 먼저 advance다. progress도 있다. 이 두 단어는 '보수'와 '진보' 모두가 사용할 수 있는 표현이다. 과학적 진보, 기술적 진보, 과학적 발견, 산업상의 발전, 사회적 발전, 시민성의 개발, 사회 시스템의 선진화, 교육적 성과 등 모두에 사용 가능하다. 그러니 '진보'들만 사용하는 단어가 아니다.

4. 미국에서 공화당의 이념은 보수(conservative)다. 반면 민주당의 이념은 진보가 아니라 리버럴(liberal)이다. 리버럴은 여러 가지 의미가 있다. 히피, 퀴어, 차별 반대 등 보수적·전통적 가치와는 다른 또는 대립하는, '과거보다 자유로운'이라는 뉘앙스를 가지고 있다. 그래서 미국 민주당에는 공산주의자부터 자유민주주의자까지 다양한 스펙트럼이 있다. 아울러 미국의 공화당과 민주당은 모두 자신들이 advance하고 또 progress하다고 주장한다. 이와 관련하여 재미있는 사례가 있다. 우리가 많이 사용하고 주장하는 ''자유민주주의'는 영어로 '리버럴 데모크러시(liberal democracy)'라고 한다. 리버럴은 이렇듯 여러 의미로 쓰이고 있다. 한국의 '좌파'들은 리버럴을 좋아하지만, '리버럴 데모크러시-자유민주주의'라는 표현은 싫어한다. 모순적이다.

5. '보수'의 반대는 '파괴'다. '진보'가 아니다. 영어 단어 중에 '래디컬(radical)'이 있다. '급진적'이라는 뜻이다. 과정을 무시하거나 뛰어넘어 무리한 변화를 추구할 때 이 표현을 쓴다. 과정을 중시하는 advance나 progress와는 맞지 않는 단어다. 소위 한국의 '진보' 또는 '좌파'는 급진적인 면이 있으니 레디컬이 맞다. 이것은 과정을 무시하기 때문에 파괴를 불러온다. 따라서 보수의 반대를 '레디컬-급진적'이라고 정의해야 한다.

6. 사회 분위기와 잘못된 이해 때문에, 우리는 보수 앞에 '개혁'과 '합리'를 붙여 '개혁적 보수' 또는 '합리적 보수'라는 말을 사용하곤 한다. 소위 '보수'의 어두운 이미지를 의식한 표현이다. 말과 언어는 사고방식을 규정하고, 나아가 사회적 규범과 문화를 정의한다. 그리고 우리 우파는 이 '언어의 전쟁'에서 지고 있다. 한때 보수는 좋은 의미로 쓰이며 한국 사회의 주류였었다. 사실 지금도 '보수'라는 표현을 좋게 생각하는 사람들이 많다.

내용

**최재형
신드롬**

2장 • '최재형', 새로운 역사의 이정표

3장 • 가문의 영광, 대한민국의 영광

서문

왕의 남자, 국민의 남자

이 책은 생각지 않은 결과물이다. 작년 이맘때만 하더라도 필자는 최재형을 잘 몰랐다. 그냥 감사원장이라는 정도만 알았다. 그리고 많은 국민이 필자와 마찬가지로 최재형을 '숱한 감사원장 중 하나'[1]라는 식으로 인식했을 것이다. 더군다나 '문재인 정권이 임명한 사람'으로 말이다.

[1] 감사원은 전국의 공무원 조직과 공무원을 감찰·평가하는 기관이다. 공무원이 불법을 저지르거나 죄질이 나쁜 경우 고발 조치하기도 한다. 감사원의 위상과 역할은 대한민국 헌법과 법률로 정해져 있다. 〈헌법 제97조〉 국가의 세입·세출의 결산, 국가 및 법률이 정한 단체의 회계검사와 행정기관 및 공무원의 직무에 관한 감찰을 하기 위하여 대통령 소속하에 감사원을 둔다. 〈감사원법 제2조(지위)〉 ① 감사원은 대통령에 소속하되, 직무에 관하여는 독립의 지위를 가진다. ② 감사원 소속 공무원의 임면(任免), 조직 및 예산의 편성에 있어서는 감사원의 독립성이 최대한 존중되어야 한다.

최재형이 눈에 들어오기 시작한 것은, 소신껏 일하는 모습이 남달랐기 때문이다. 그는 '왕의 남자'가 아니었다. 그를 감사원장으로 임명한 사람은 문재인 대통령이었지만, 최재형 감사원장은 '국민의 남자'였지 정부의 방패막이가 아니었다. 최재형 감사원장은 현 정부와 그에 기생하는 비리 공무원의 가슴을 단 1초의 주저함도 없이 '국민의 편에서' 겨누었다. 하지만 여기까지였다면 '최재형 신드롬'은 없었을 것이고, 아래의 칼럼도 쓰지 않았을 것이다.

감사원장으로서 독보적인 활동을 한 사람은 이회창[2]이었다. 이회창은 문민정부를 연 김영삼 대통령 때의 감사원장이다. 당시에 성역으로 여겨진 군부대(율곡사업 관련), 안기부(국정원의 전신), 청와대 비서실 등을 엄정하게 감사하고 부패한 공무원들을 쳐냈다. 그럼으로써 유명무실하던 감사원의 위상을 지금의 수준으로 높였다. 이회창의 칼은 국민의 칼이었다. 국민에게 감동과 희망을 주었다. 하지만 여기까지였다. 이회창은 세 번에 걸친 대통령 선거에서 고배를 마셨다. 아들의 '군 면제' 논란이 결정적으로 그의 발목을 잡았기 때문이다.

---

[2] 법조인, 관료, 정치인으로 활동했다. '대쪽판사'라는 별명답게 원칙주의자였다. 국무총리, 대법관, 국회의원, 감사원장, 중앙선거관리위원장, 정당 대표 등을 역임했다. "대통령만 빼고 다했다"는 평을 받는 인물이다. 대통령 선거에 세 차례 출마했다.

그래서 사람들은 최재형의 용기와 배짱을 이회창의 것과 비교하기도 한다. 사실, 감사원장으로서의 활약상만 두고 본다면 최재형이 이회창보다 파장과 두각을 나타냈다고 볼 수 없다. 감사원장으로서 이회창의 과거 활약상이 상대적으로 컸기 때문이다. 최재형을 이회창보다 더욱 돋보이게 해주는 것은 그의 삶과 가족사다. 한국판 노블레스 오블리주의 전형이기 때문이다. 필자는 최재형이라는 숨겨져 있던 보석을 찾은 듯했다. 한국에도 이런 인물과 가문이 있다는 것이 놀라웠다. 감사원장으로서의 역량은 빙산의 일각처럼 느껴졌다. 그가 본격적으로 정치를 한다면 대한민국의 역사는 새롭게 써질 것 같았다. 예상치 못했던 기대와 희망이 움트는 순간이었다.

최재형 신드롬

최재형의 할아버지 최병규 선생(1885~1963)은 일제 치하 조선의 독립을 위해 싸웠다. 최병규 선생은 일제의 감옥에서 옥살이를 하는 등 고초를 겪으면서도 독립을 위해 헌신했다. 살아생전 국가가 그 공로를 기려 포상하려 했으나, 국민의 한 사람으로서의 도리를 다 했을 뿐이라면서 사양했다. 그래서 한동안 미서훈(未敍勳)[3]으로 기록되었다. 최병규 선생이 돌아가신 뒤인 2011년 정부는 뒤늦게 대통령 표창을 추서한다. 남들은 없는 기록을 만들어 유공자를 빚어내기도 하는데, 최병규 선생은 유공자로 등재되는 걸 거절했다는 기록을 보고 놀랍기 그지없었다. 그 정신이 가풍으로 이어져 최재형에게 닿고 있다는 생각에 전율을 느꼈다.

최재형의 아버지 최영섭 예비역 대령(1928~2021)은 대한민국 해군의 영웅이자 6·25 전쟁 참전 용사다. 인천상륙작전 등에서 혁혁한 공로를 세워 무공훈장 3회를 포함하여 훈장을 무려 여섯 개나 받았다. 삶과 죽음이 교차하는 싸움터에서 나라를 위해 헌신한 군인의 정신이 최재형에게는 이어졌을 것이다. 이렇듯 최재형 집안의 모든 남자는 군대를 다녀왔다. 삼촌들, 형제들, 아들까지 단 한 명도 피한 경우가 없다. 당당하게 국민의 의무를 수행했다. 그것도 절절한 애국심을 바탕으로 말이다.

군(軍)에 대한 마음은 온 세상이 동일하지 않을까? 죽음을 불사한다는 것은 쉬운 일이 아니기 때문이다. 그래서 선진국에서는 나라와 국민을 위해 군 생활을 한 사람들을 '베테랑(vétéran, 뛰어난 사람)'이라고 부른다. 모든 국민이 이들을 존경

---

3   서훈(敍勳): 나라를 위한 공로를 인정받은 사람에게 국가가 훈장이나 상을 주는 것을 말한다.

하고 영웅으로 대접한다. 소위 보수·진보 또는 좌·우를 막론하고 모두가 한결같다. 그런 집안·가족들을 명문가라 칭하고, 나라를 위한 표상으로 삼는다. 국민은 그 표상을 거울삼아 그와 닮아가려고 노력한다. 일류시민의식은 그렇게 자리잡고 커간다. 우리와는 다른 이런 선진국의 모습을 보면서 한숨 쉬며 부러워하던 때가 있었다, 최재형을 알기 전까지는….

국민의 감사원장이었던 최재형은 그동안 눈 씻고 찾아보려고 해도 찾을 수 없었던 대한민국의 대표적인 애국자다. 그리고 그의 집안 전체가 그러했다. 이것이 이회창과는 다른 방향에서 우리를 최재형 신드롬으로 인도한 결정적 요소이다. '목숨을 바치는 것'은 매우 중요한 결정이기 때문이다. 그것은 한계를 넘는 결의(決意)이기 때문이다. 그래서 동서고금을 막론하고 그 모습에 사람들은 반한다. 그리고 따른다. 이로써 지도자가 탄생한다. 그동안 소위 '386 운동권'이 현실 정치판에서 인기를 구가하며 장사를 할 수 있었던 것도 이 때문이다.

386 운동권은 한때 민주주의를 위해, 인권을 위해 자신을 던졌던 사람들이다. 비록 그것이 이념적으로는 급진적이었을지라도 자신을 버리며 온몸을 던졌던 그들의 이야기에 대중이 감동한 것이다. 반면 소위 보수(保守)라고 칭하던 사람들 중에서는 그런 사람을 찾아볼 수 없었다. 그러면서 대립적 각이 형

성되었다. 자신들의 잇속만 챙기는 탐욕스러운 사람들과 사회의 정의를 위해 자신의 생명을 내놓는 사람들이 싸우면 누가 이길지는 뻔하지 않는가. 그리하여 운동권이 시나브로 한국의 보수를 잡아먹고 정치 전면에 나서게 되었다.

운동권은 대한민국의 군인에 대해 거부감을 가지고 있다. 특히 386 운동권은 더하다. 소위 '민주화 투쟁'이라는 것을 하던 당시에는 군대에 가지 않으려고 손가락을 일부러 절단한 사람들도 있었다. 길거리에서 베테랑이나 현역군인들을 보면 자랑스러워하는 외국인들과는 달리, 운동권은 눈살을 찌푸리곤 했다. 운동권에게는 조국이나 다름없는 북한에 총을 겨누는 국군에 거부감을 가진 것이다. 그러면서 우리 국군이 '미제국주의의 동북아시아 전략'의 하위에 배치되는 총알받이에 불과하다고 주장하면서 자신들의 행위를 정당화했다. 이러한 풍조는 한동안 일반인에게도 번졌다. 징집은 자랑스러운 것이 아니라 피할수록 좋은 것이었다. 연예인에서 일반인까지 군을 기피했던 사건들은 여기에 근거했다. 아이러니하게도 이런 상황에서 우리 국민들에게 보여줄 '국군에 관한 자랑스러운 본보기' 또한 없었다.

그래서 최재형의 삶과 그의 집안이 우리에게 주는 것은 매우 크고 놀랍다. 한국 현대사에서 갈릴레오의 지동설에 맞먹는 충격파를 준다고 생각한다. 전국의 많은 사람이 이 충격파의 영향을 받고 있다. 매우 긍정적인 영향을 말이다. 나도 그 가운데 한 사람이다. 다음 페이지의 칼럼은 그 영향 덕분에 생겨난 결과물이다. 저 칼럼을 보고 전국에서 많은 분이 전화를 주셨다. 서로 알지 못하면서도 반갑게 이야기를 나눴다. 최재형을 매개로 장시간 통화하며 서로 알고 있는 정보를 교환했다. 자발적인 모임이 형성되고 있었다. 코로나19 상황임에도 우리의 목소리는 언제나 흥분을 감추지 못했고 행복했다. 나는 이것을 '최재형 신드롬'이라고 부르기로 했다. 이 책의 이름이다. 최재형과 '최재형' 그리고 '최재형 신드롬'까지, 이에 대해 일반 국민이 어떻게 환호하며 희망을 만들고 있는지에 대해 더 많은 평범한 사람들과 공유해야겠다는 의무감이 생겼다. 이것이 이 책을 쓰게 된 동기이다.

대한민국의 역사는 새롭게 쓰여야 한다. 그것은 상상력만으로는 안 될 일이다. 구체적으로 손에 잡히는 무언가가 필요하다. 나는 그것을 '최재형'이라고 생각한다. 잃어버렸던 마지막 퍼즐 조각 하나를 찾은 듯하다. 그 퍼즐을 맞추는 것은 이 책을 읽는 여러분의 몫이다.

최재형 감사원장이 대통령이라면?[4]

우리에게 올바른 대통령의 상(像)이 있는가?
누가 대한민국의 대통령이 되어야 이 나라가 바람직해질까?

굉장히 도발적인 주제다. 하지만 이는 진심에서 우러나오는
의문이다. 그리고 지금 모든 국민이 이런 의문을 가지고 있을
것이다. 사실 최재형 감사원장은 여러 미담의 주인공이다. 공
부 잘하는 학생이었고, 판사로 활동하며 좋은 평가도 받았다.
고등학생 시절 소아마비 환자인 친구를 2년 동안 업어 함께
등교했고, 대통령 직속 감사원 원장에 임명된 후 여당과 청와
대의 압력과 비난에도 꺾이지 않고 소신껏 활동했다.

이런 모습은 조국 전 장관의 모습과 비교되면서 모범적인
관리의 전형이라는 국민적 이미지를 얻었다. 물 스며들 듯 국
민의 마음속에 '최재형'이라는 이름이 새겨지고 있다. 특히 두

[4] 2021년 5월 《시사포커스》에 실렸던 글이다. 《시사포커스》의 대표인 박
강수 선배가 최재형을 주제로 글을 써보라고 했다. 고민하다가 단번에
써내려갔다. 이 글을 더빙하여 유튜브 컨텐츠도 만들었다. 전국에서 많
은 분이 호응해주셨다. 생각 이상으로 반응이 좋았다. 책까지 만들게
된 동기로 작용했다. 최재형이 대통령이라는 상상을 하면서 '최재형 리
더십'에 대해 꿈꾸고 기뻐했다. '최재형 신드롬'이 조용히 퍼져나갔다.

친딸은 물론 입양한 두 아들을 사랑으로 품어 기르는 이야기는 진영과 이념을 넘어 모든 이에게 감동을 주고 있다. 감동은 스토리가 있어야 한다. 즉, 스토리텔링(storytelling)을 통해 마음을 움직여야 한다. 모든 지도자는 나름의 스토리를 가지고 있다. 살아온 이야기들이 자연스럽게 국민의 지지를 모아내는 동력으로 작동하기 때문이다.

사람들은 말한다. 권력의 핵심 요소는 '권력에 대한 의지'라고…. 하지만 이 또한 부분적으로만 맞다. 누구나 권력에 대한 의지를 갖는다고 해서 권력을 취할 수는 없다. 권력에 대한 의지와 함께 감동적 기제인 '잘살아온' 이야기가 필요하다. 그 이야기가 불러일으킨 '국민적 감동'과 '국민과 나라에 대한 충성심'의 발로가 권력에 대한 의지로 피어나야 한다. 시대적 소명과 국민에 대한 긍휼함이 권력에 대한 의지로 나타나야 국민이 권력을 주는 것이다.

필자도 386 운동권 출신이다. 젊은 시절 마르크스-레닌주의에 빠졌었다. 학생운동, 노동운동을 거쳐 전교조, 민노총과 민노당 창립에 기여했었다. 이후 "사회와 사람들을 적대적으로 구분하는 계급투쟁은 도리어 사람들에게 상처를 주고 공동체를 파괴하는 운동일 뿐이다!"라는 사실을 깨달으며 전향하였다. 뉴라이트전국연합 사무처장으로 활동했고, 지금도 보수우파 시민운동 활동가로 뛰고 있다. 이 과정에서 시나브로 좌·우 진영 모두를 경험했다. 양 진영의 시민운동 활동가뿐만 아니라 정치인까지, 많은 사람을 만나고 접했다. 여러 대통령 후보를 만났고, 그분들이 대통령이 된 후에도 가까이에서 지켜봤다.

안타깝게도 그분들 모두가 나라를 분열의 시각으로 봤다. 선거에서 이기기 위해, 또 이기적 당파성에 기초하여 국민과 사회를 나누었다. 좌파의 계급적 사고는 우파에서 이념적 강성 시각을 불러일으켰다. 살기를 띤 양쪽 진영의 적개심은 망국의 지름길로 우리를 인도하고 있다. 법과 원칙이 있지만, 진영논리가 판단의 기준이 된 지 오래다. 진영논리로 사회를 쪼개고, 국민을 그리로 인도한 것은 정치인들이다. 그런 정치인 중에서 대통령 후보가 나온다.

한 정파의 후보지만, 당선되면 온 국민의 대통령 아닌가! 아니었다. '특정 진영의 대통령'으로 활동하며 다른 진영을 핍박했다. 국가의 권력과 국민의 세금을 전리품으로 챙기고, 자기들끼리 나누었다. 감동을 주는 지도자들, 정치인들은 어느새 찾아보기 힘들게 되었다. 그 사이를 파고든 것이 최재형 감사원장이다.

최재형은 법과 원칙을 소중히 하는 분이다. 권력의 눈치를 보며 소신을 파는 사람이 아니다. 권력자를 무서워하는 소인배가 아니다. 국민과 하늘을 무서워하고 충성을 다하는, 오늘날 대한민국에서는 보기 힘든 이다. 아마도 이것은 가문과 가정에서 나오는 저력, 즉 독립운동가 최병규 선생의 후손이라는 사실에서 나온 것이 아닌가 한다. 그래서 병역과 관련해서는 명문가로 소문이 나 있다. 아버지는 1950년 6·25 전쟁 당시 최전선에서 싸운 참전용사이며, 작은아버지들도 해군 출신이고, 형은 해군 대위, 동생들은 공군 군의관과 육군 석사장교, 자신은 육군 군법무관으로 복무했다. 입양한 큰아들도 현재 군 복무 중이다. 나라에 대한 충성심과 헌신성은 누구보다도 훌륭하다는 평가가 절로 나올 만하다. 노블레스 오블리주의 한국적 모범이다. 이런 최재형이 대통령이 된다면 우리나라는 과연 어떻게 변할까? 여러분은 생각해본적이 있는가? 없다면 한번 여기서 떠올려보는 것을 제안해본다.

• 진영논리는 설 자리를 잃고 과거의 유물이 되어 사라질 것이다.

분단 이후 계속되는 남남 갈등 구조의 핵심부에 진영논리가 있다. 최재형은 망국적 진영논리를 없애는 최초의 대통령이 되어 국민 통합과 평화통일로 나아가는 기초를 쌓을 것이다. 사실, 최재형은 각 진영에 빚이 없다. 빚이 있어도 '의리' 때문에 '정의'를 저버리지 않는, 근력이 뛰어난 인재다. 그야말로 공정한 사회를 실질적으로 만들어가는 대통령이 될 것이다.

• 법과 원칙에 따라 법치주의가 바로 서는 정의로운 사회가 될 것이다.

지금 대한민국에서는 "법 위에 진영이 있다"고 해도 과언이 아니다. 오죽하면 해외 언론에도 '내로남불(naeronambul)'이 한류 열풍에 따른 신조어인 양 알려졌겠는가. 즉, 법이 권력을 잡은 진영의 도구가 되면서 망가지고, 법치주의는 노리개가 되었다. 하지만 최재형에 의해 비로소 나라가 바로 서고 기강이 잡힐 것이다. 권력에 맞서서 법치주의를 내려놓지 않았던 최재형! 당당하게 헌법의 정신으로 자신의 역할을 수행함으로써 새로운 대한민국을 빚어낼 것이다.

• 극단적인 사람들조차 사랑으로 껴안으며 모두의 대통령으로 활동할 것이다.

필자조차 아이들을 낳고 키우면서 친자식들이 미울 때가 있었다. 친자식을 내치거나 폭행을 일삼는 사람들도 많다. 그래서 최재형처럼 입양한 아이들을 사랑으로 키우고 품는 인간적 행위는 높은 경지라고 생각한다. 최재형의 '성자(聖者)의 것과도 같은 사랑'이 나라의 운영에 적용된다면, 국민은 이를 본받아 시민의식이 절로 높아질 것이다.

• 공정과 정의를 바로 세우고, 자유민주주의를 더욱 발전시켜
  나갈 것이다.

특정 정파의 주장이나 이념이 아니라, 헌법적 가치와 공의
(公義)를 기준으로 나라와 국민을 위해 헌신하는 대통령이 되
지 않을까? 미국 대법원 건물에 새겨진 'Equal Justice Under
Law(법 아래에서 만인은 평등하다)'라는 글에 담긴 신념 같은 것
을 바탕으로 최재형 대통령이 나라를 다스리는 모습을 떠올려
본다. 국민 모두 자기 자리에서 제 역할을 다하는 대한민국, 다
양성을 존중하며 자유민주주의에 입각하여 행복한 비전을 공
유하는 건강한 공동체의 부활을…!

필자는 최재형의 모습에서 2022년 초 선출될 새로운 대통
령의 상을 떠올리고 싶다. 새로운 대통령은 부디 새로운 대한
민국을 이끌어갈 훌륭한 인물이기를 기원해본다. 이것이 이
글을 쓰는 이유다.

1장

●

최재형 신드롬

'최재형'에 대해 처음 들었을 때, 많은 부분이 포장됐으리라 여겼다. 그런 정도의 사람이 한국에 존재할리 만무하다는 생각이 들어서였다. 그런데 두 번, 세 번 거듭해서 듣자 슬슬 오기가 생겼다. "내가 그 위선을 벗겨주마!" 하며 달려들었다. 하지만 찾아보면 찾아볼수록 거부감은 당혹과 경외로 바뀌어 갔다. "그동안 왜 이런 사람과 집안의 존재를 몰랐지?" 같은 궁금증이 커져만 갔다.

사람의 이름을 붙여 'ㅇㅇㅇ 신드롬(syndrome)'이라고 부르는 것은 특별한 경우다. 신드롬은 증후군이다. '뭔가에 집착하거나 정상적이지 않은 반응을 나타낼 때 쓰는 말'[1] 또는 '어떤 것을 좋아하는 현상'이 전염병처럼 사람들 사이에 급속하게 퍼져나가는 것'[2]을 뜻한다. 예를 들어, BTS 신드롬이나 케이팝 신드롬을 보자. 전 세계 젊은이들이 한국의 대중가요에 열광하는 이 현상은, 대한민국 밖으로도 급속히 퍼져나가 오늘날 전 세계 젊은이들의 마음을 사로잡았다. 마치 바이러스처럼 말이다. 이에 대해서는 여러 분석이 있지만, 시대정신으로 표출되는 무의식의 '원형'을 터치했기 때문이라는 평가도 있다.

---

[1] 네이버 백과사전에서 인용.
[2] 상동.

국경과 문화의 차이를 넘어 5대양 6대주에서 한국 연예인들의 팬덤이 형성되는 것을 목격한다. 기이한 일이다. 논리적으로 설명되지 않는다. 갑자기 툭 튀어나온 변형이나 변주 같다. 비약이 심하기 때문이다. 하지만 잘 들여다보면 보이지 않던 퍼즐 조각이 드러난다. 사실 한민족은 어느 민족보다 엔터테인먼트에 능했던 민족이다. 마을마다 공동체문화가 용광로처럼 자리하고 있었다. 그래서 슬플 때는 모두가 함께 한(恨)으로 승화시키고, 기쁠 때는 축제를 벌이며 평화와 행복을 기원했던 민족이 우리다. 인터넷으로 세계가 연결되자 기다렸다는 듯이 세계의 마음을 어루만지며 위로하고 있다. 우리의 핏속에 우주의 원형이 돌고 있기 때문이다. 혹자는 그것을 '제사장의 유전자'라고 한다. 그러니까 새로운 시대를 이끄는 '우리 안의 제사장'이 깨어난 것이다.

그렇다면 '최재형 신드롬'이란 무엇인가? 일단 최재형이 누구인지 알지 못하는 이들은 갸우뚱할 것이다. 케이팝을 잘 모르던 사람들이 그랬듯이 말이다. 지구 반대편 젊은 외국인이 BTS의 음악을 접하기 전과 후가 다르듯, 우리 국민 또한 최재형을 알기 전과 후가 다르다면 믿겠는가?

물론 최재형이라는 인물을 높이는 것이 이 글의 목적은 아니다. 다만 필자는 최재형 신드롬에서 대한민국의 새로운 이

정표를 발견했기에 이 글을 쓰고 있다. 혼란과 갈등으로 뒤엉킨 세계를 향해 나아갈 한민족의 새로운 역할을 최재형에게서 봤기 때문이다. 최재형이 드러내는 속살은 하나의 에너지요, 우리 몸속에 오래전부터 내재하고 있던 비전이다. 이것을 많은 이들과 공유하는 것이 이 책의 목적이다.

최재형 신드롬의 배경

최근 정치인 중 여당의 유력한 대선 후보가 설화(舌禍)의 중심에 섰다. 이재명이다. 대선 출마를 선언한 후 공개석상에서 한 발언이라 더 문제가 되었다.

"대한민국이 다른 나라의 정부 수립 단계와 달라서 친일 청산을 못 하고, (그 결과) 친일 세력들이 미 점령군과 합작해서 지배체제를 그대로 유지하지 않았는가!"[3]

이 말대로라면 '대한민국은 태어나지 말았어야 할 나라'가 아니겠는가! 2003년, 노무현 대통령도 비슷한 말을 했다.

---

[3] 2021년 7월 1일, 대선 출마를 선언한 후, 고향인 경북 안동 '이육사 문학관'을 찾아간 자리에서 언급했다.

"대한민국의 역사는 정의가 패배하고 기회주의가 득세한 역사"[4]

문재인 대통령도 같은 맥락에서 이런 말을 했다.

"특권과 반칙이 없는 세상을 만들겠다."[5]

이렇듯 386 운동권에 뿌리를 둔 전·현직 대통령들과 유력 대통령 후보의 발언을 보면 일맥상통하는 대목이 있다. 한국의 정통성과 자긍심을 인정하지 않는 것이다. 인정하지 않는 것에서 한발 더 나아가 부정한다. 대한민국 역사관의 부정적 일단을 보여주는 것이다. 최고 정치지도자의 이러한 말들은 국민에게 어떤 영향을 미칠까? 직접적으로 국민으로서의 자존감을 떨어트리고 붕괴시킨다. 자신감을 잃게 할 뿐만 아니라 자신의 정체성에 대한 부정적 인식을 키운다. '태어나지 말았어야 할 나라'는 '태어나지 말았어야 할 나'와 같은 의미다. 세상이 부정적으로 보이면 어떻게 될까? 세상에 헌신해온 지난 시간은 무의미해진다. 과거뿐만 아니라 현재와 다가올 미래의 의미를 잃는다.[6] 의미는 인간의 존재 이유다. 어떤 조건

---

4   2003년 취임 후 3·1절 행사 연설문에서 인용했다.
5   대통령 취임사에서 인용했다.
6   오스트리아의 의사이자 저명한 심리학자인 빅터 프랭클은 자신의 경

에서건 의미를 찾는 것은 인간만이 갖는 영적·육적 존재 기반
이다.

나아가 우리는 '민족·국민'이라는 카테고리를 살펴볼 필요
가 있다. 이들은 경제적·정치적·문화적 공동체를 아우르는 개
념이다. 함께 경험하고 고민하며, 울고 웃고 부대끼며 살아오
는 수백·수천 년 간의 과정에서 '가족', '마을', '고향', '풍습',
'전통' 등이 형성된다. 이 과정에서 같은 언어, 같은 문화는 동
일 형질을 낳는다.[7] 그래서 민족이나 국가가 사라지는 것은 자
연재해나 전쟁처럼 외부적 요인 때문이기도 하지만, 근본적으
로는 특정 민족으로서 살아가는 데 따른 가치 또는 국가공동
체로서의 최소한의 공유가치가 사라지기 때문이다.[8]

험을 기반으로 집필한 책『죽음의 수용소에서』에서 다음과 같이 말한
다. 자기처럼 나치의 강제수용소에서 살아남은 사람들은 '삶의 의미
(meaning)'를 잃지 않고 역경을 이겨낸 이들이라고…. 반면에 이제는
살 가치가 없다면서 삶의 의미를 놓아버린 사람들은 육체적 생을 마감
했다고…. 그래서 삶의 의미는 삶의 동력이며 이유이다.

[7] 리처드 도킨스는 저서『이기적 유전자』에서 이것을 '밈(Meme)'이라고
불렀다. 생물학적인 유전자(gene)처럼, 문화와 전통을 계승·발전시키
는 단위인 문화적 유전자를 '밈'으로 정의한 것이다.

[8] 언어와 문화에 집착하는 이유가 여기에 있다. 말에는 역사와 전통, 문
화가 농축되어 있기 때문이다. 일제강점기에 우리가 그토록 우리말을
살리기 위해 노력한 이유다. 오스만 제국(지금의 터키)에 무려 400년간
지배를 당한 그리스에서도 수도사들이 절벽에 지은 수도원에서 밤마다
내려와 아이들에게 언어와 역사를 가르쳤다. 지금도 그리스의 메테오

우울증을 앓아본적이 있는가? 깊은 우울증은 삶의 의미를 앗아간다. 개인뿐만 아니라 집단이나 공동체도 우울증을 앓는다. 자존감을 해치는 말과 행동 그리고 부정적인 언행은 우울증을 전염시킨다. 특히 그것이 영향력 있는 사회지도층 인사에게서 나올 경우, 파괴력은 크다. 공동체가 비전을 잃고 무기력해지는 순간, 어두운 기운은 개인과 사회를 잡아먹는다. 예를 들어, 앞서 언급한 '태어나서는 안 될 나라'라는 저주는 도착적 병리 현상을 불러일으킨다. 구성원 개인들이 힘들 경우, 공동체와 나라로부터 버틸 기운을 얻고 용기를 얻는 것이 당연한 것 아닌가. 하지만 오히려 나라를 이끄는 지도자들이 앞장서서 과거를 부정하고, 국민들이 열심히 노력해온 지난날을 한꺼번에 뒤집어버린다면 어떻게 될까? 그 폐해는 이루 말할 수 없다.

우리나라가 선진국 대열에 진입했다고 하나, OECD 국가 중 자살률 1위라는 불명예를 안고 있다. 매일 38명에 달하는 가련한 생명들이 스스로 극단적인 선택을 하는 것이다. '우울

라 지역에 가면, 그리스가 나라로서 존재할 수 있게 해준 절박한 역사를 까마득한 절벽 위 수도원에서 느낄 수 있다. 또한 이스라엘을 보자. 디아스포라(diaspora)로 전 세계에 흩어져 있다가 결국 팔레스타인에 나라를 세웠다. 민족의 정체성을 잊지 않고 동질성을 유지해왔기 때문이다.

한 한국'이 아닐 수 없다. 정신과 치료를 통해 우울증약을 처방받아도 정치지도자라는 자들이 나와 내 공동체를 부정하고 지난 역사를 매도하는 것을 신문과 TV 뉴스로 보면서 사람들은 어떤 생각을 할까? 사회적 병리 현상은 개인의 우울증을 강화하는 방향으로 운전대를 잡고 있다.

앞서 말했듯이 필자는 386 운동권 출신이다. 학생운동과 노동운동, 시민운동을 거치는 동안 소위 '자학적 역사관'에 빠졌었다. 전향하였지만 한참 오랫동안 괴로웠다. 마르크스-레닌주의와 주체사상에서는 빠져나왔으나, '그래도 대한민국은 형편없는 나라'라고 인식했었다. 일제의 잔재가 청산되지 않았고, 패권국가인 미국으로부터도 자유롭지 않기에 전망이 없는 나라라고 여겼으니 말이다. 이것은 극도의 불안감마저 불러왔다. 특히 소위 보수로 전향한 이후 우리 쪽에는 제대로 자랑할 만한 인물이 없다는 자괴감과 환멸감에 빠지곤 했다. 어쩌면 있는데도 보이지 않거나 보고 싶지 않았는지도 모른다.[9]

---

[9] 386 운동권은 자신을 버리고 사회를 위해 온몸을 던졌다는 데 커다란 의의를 둔다. 이것을 '투신(投身)'이라고 했다. 비록 그것이 마르크스-레닌주의와 주체사상에 뿌리를 두고 있었다고 해도 말이다. 노동운동에 투신하거나 사회운동에 투신하는 것은 독재정권 시절에는 목숨을 거는 일이었다. 일반 사람들이 운동권 출신이라고 하면 일단 한 수 접어주고 긍정적으로 바라봐주었던 사회적 문화가 여기에 근거한다. 반면, 보수 진영에는 자신의 모든 것을 던져 나라를 위해 헌신하는 사람

선진국들과는 달리 이렇다 할 모범적인 지도자나 덕망 있는 인물이 보수 진영에는 없다고 생각했다. 아니, 찾아도 없어 보였다. 되려, 개인의 욕망에 사로잡힌 3류 인생들만 눈에 들어왔다. 편법을 일삼거나 정치적 역량이 모자란 사람들만 눈에 띄었다. 선공후사(先公後私)를 앞세우며 자기를 희생하는 사람은 가물에 콩 나듯 했다. 세상은 보이지 않는 손에 의해 움직이며, 개인의 욕망만이 순수하고, 그 욕망을 실현하려는 개인 간의 무한한 경쟁이 세상을 발전시켜 나간다고 주장했다. 지금 생각하면 참으로 저렴하기 짝이 없지만, 이는 얼마 전까지만 해도 보수 진영의 주요한 합리화 근거였다. "내놓을만한 인물이 없으니까", "한국의 보수는 인물을 가치 있게 키우지 못했으니까" 같은 자조 섞인 말을 뱉으면서 말이다. 광화문에 있는 주요 언론사의 기자들과 보수의 민낯에 괴로워하며 얼마나 많은 시간 동안 술자리에서 자책했던가!

이 보이지 않았다. 정치인은 정치인대로 그랬고, 2000년 전후 막 생겨나기 시작한 보수 시민운동가들에게도 한계가 존재했다. 더 투명하게 더 공정한 방향으로 시대가 변해가고 있었지만, 뒤늦게 구태(舊態)에서 깨어나고 벗어나던 보수는 커다란 홍역(紅疫)을 치르며 비주류로 전락해갔다. 보수조차 '보수(保守, conservative)'라는 말을 쓰지 말자고 할 정도로 자신에 대해 자신감이 없었다. 매번 상황이 안 좋아질 때마다 쓰던 이름을 버리고 새로 바꾸자고 하면 되겠는가. 개명(改名)하면 과거는 사라지고 운명도 바뀔 거라는 착각에 빠진 것과 무엇이 다른가!

가끔 해외언론에서 노블레스 오블리주의 모범이라며 귀족 집안의 자제가 전쟁터의 최전선에 배치되거나, 나라와 공동체의 가치를 위해 자신의 삶을 희생하는 모습을 보여줄 때마다 많이 부러워했다. 한국의 상태를 떠올리며 이를 뿌드득 갈기까지 했다. 항상 드는 의문은 "왜 우리는 그런 지도자가 없는가?" 하는 자문(自問)이었다. 이를 파고드는 386 운동권과 좌파의 공격은 매서웠다. 반면, 보수의 대응 논리는 참으로 허접했다. 산업화의 중심에서 기업이 얼마나 위대한 열매를 맺었는지 구구하게 설명하는 것이 다였다. 막상 그것도 기업인들의 한심한 사생활과 기업윤리를 저버린 행위들이 드러나면서 조용해졌다. 하지만 이것은 굳이 보수만의 문제는 아니었다.

'조국 사태'를 통해 스스로를 '진보 진영'이라 부르는 좌파의 실체가 발가벗겨지면서 대한민국 전체의 모습이 드러났기 때문이다. 도덕적으로 우위에 서 있다고 주장하던 진보 진영 인사들의 실체는 더욱 구렸다. 내로남불도 정도를 넘어섰다. 그들은 자신들이 비판하던 보수 진영 인사들의 행태를 그대로 재현하고 있었던 것이다. 진보 진영은 마치 자신들이 선(善)을 대표하는 것처럼 행세했으나, 사실은 그렇지 않았다.[10] 인물들

---

[10] 이들의 선민의식은 매우 놀라운 수준이다. 자신들이 '운동권' 출신이라는 것 자체가 계급장이나 훈장이다. 반체제 활동을 한 경력은 숨겨야 할 것이 아니라 자랑스러운 것이다. 자신을 일반인과 구분하는 문신이

이 하나같이 후진 것은 보수 측과 마찬가지였다. 되려 위선을 떤 만큼 더 더러웠다. 국민은 좌절할 수밖에 없었다. "그놈이 그놈!"이라는 자조 섞인 문제의식만 팽배해졌다. 정치는 조소 섞인 환멸의 대상으로 굳어졌다.

표상이 없는 사회는 죽은 사회다. 본보기가 없으니 사람들이 누구를 쫓겠는가. 권모와 술수가 판을 치고 허상만 가득하다면, 우리 공동체는 좌표를 잃고 떠다니는 난파선에 불과해진다. 아이돌 그룹이 해외에서 1등을 한들, 우리나라가 내부에서 곪아가는 중환자라면 희망이 있을 수 있겠는가! 이러한 문제의식이 한국 사회를 옭아 쥐고 절망을 낳았다. 아무리 살펴도 희망이 보이지 않았다.

이때, 최재형이 우리 사회에 모습을 드러냈다.
최재형 신드롬이 대한민국에 급속도로 퍼지기 시작했다.

다. 여기에서 그들의 오만이 싹텄고, 내로남불의 가치관이 자라났다.

최재형 신드롬의 특징

최재형 신드롬에는 몇 가지 특징이 있다. 더군다나 이제까지 어디서도 이와 같은 현상이 나타난 적이 없다. 이것은 '현실적'이지 않은 실재에 당황하며 즉각적으로 받아들이지 못하는 태도를 먼저 유발한다. 자신과 다른 '무언가'로 차별화하려는 경향도 띈다. 그리곤 혹여 난장판인 현실에 치이고 다쳐서 흠집이라도 생길까봐 자기 몸처럼 아끼고 보호하려는 마음을 불러일으킨다. 즉, 진심으로 걱정하여 마음에 두는 행위가 저절로 일어나는 것이다. 마지막으로 뭔지 모를 희망과 비전으로 가슴이 뜨거워지는 경험을 하게 된다. 이 과정을 통해 부정적인 세계관이 긍정적인 세계관으로 전환된다.

이러한 경험들이 융합하면서 일반 국민 사이에 최재형 신드롬이 일어나고 있다. 처음 만나는 사람들도, 심지어 만난 적 없는 사람들도 단지 통화만으로 '최재형'을 둘러싸고 하나가 되어 기뻐하는 일들이 벌어지고 있다. 그러니까 이런 것이다. 외국의 한 지방 도시를 걷던 중 처음 보는 백인이 다가와 한국에서 왔냐고 묻고는, 한국의 케이팝 가수를 언급하며 길거리에서 춤과 함께 한국말 노래를 부르고 껴안으면서 마치 반가운 친구끼리 오랜만에 만난 것처럼 순간 하나가 되었던 경험을 해본적이 있는가?[11] 그것과 똑같다. 하나의 신드롬이다.

현실적이지 않은 실재에 대한 거부감 또는 외경스러움

이제껏 접해본적이 없는 무언가가 나타났을 때, 우리는 "하늘에서 뚝 떨어졌다"라는 표현을 쓴다. '최재형'과 그의 집안 (가문)이 그랬다. 보수는 내놓을만한 인물이 없다고 자책하면서 개중에 그래도 평가할만한 인물들을 찾고 있었던지라 '최재형'의 등장은 판을 뒤집는 것이었다. 진화론자들의 오랜 과제였던 베이징 원인의 화석을 발견하여 진화학상의 연결고리

---

11 외국 출장길에 오를 때마다 겪는 이러한 경험은 상당히 경이롭다. 이는 필자가 코로나19 사태가 터지기 직전 포르투갈의 한 소도시에서 경험한 것이다. 백인 청년들이 다가왔다. 한국인임을 확인한 후 케이팝 그룹과 가수 이름을 아느냐고 물었다. 한쪽에서는 그 노래를 부르며 갑자기 나를 껴안았다. 곤혹스러웠다. 필자는 그 그룹의 이름도 가수도 노래도 처음 들었기 때문이다. 그런데 그들은 케이팝의 나라인 한국을 좋아한다며, 한국인을 만났다는 것만으로 환호하고 기뻐했다.

를 파악했을 때의 기분이 이러했을까? 아니면 사라진 문명의 존재를 밝힐 중요한 단서를 찾은 순간의 벅찬 마음이 이럴까? 하여튼 우리에게 '최재형'은 하늘에서 떨어진 존재 같았다.

이것은 소위 보수만의 영역이 아니다. 보수성향에 국한되지 않고 대한민국 국민 모두에게 똑같은 효과를 자아내고 있어서이다. 더군다나 최근 좌파 진영 특유의 선민의식이 깨지면서 좌파 진영 내부에서도 자괴감이 생겼다. 자신들이 믿어온 가치와 상대적 우월감이 아무것도 아니라는 사실을 스스로 목격해서였다. 즉, 자신들도 이제껏 강하게 비판하고 경멸해온 대상들과 별로 크게 다르지 않다는 깨달음이 통렬한 자기부정으로 이어진 것이다. 이들에게도 '최재형'은 하나의 놀라운 대상이다. 자신들이 가졌어야 할 이미지와 발자취를 여기에서 보아서다. 그래서 자랑스러워했던 반체제 활동을 부끄러운 과거라고 여기게 되었다. 이념적·정치적 지향을 넘어 대한민국에 사는 모두에게 '충격적'인 경험이었다.

다른 한편, 386 운동권의 실체와 여·야 양측 정치인들의 천박함에 질린 사람들, 너무나 힘든 일상을 보내며 희망을 갈구하는 보통사람들에게 '최재형'은 새로운 희망의 아이콘으로 떠올랐다. 자신을 보수라고 규정하거나 진보라고 소개하는 사람들을 하나로 묶는 역할을 해내고 있다. 과거의 낡은 틀인

'보수 대 진보'를 대신하여 새로운 대한민국을 위한 새로운 틀에 대한 굶주림 때문에 벌어진 일이다. 이렇듯 '최재형'은 대한민국 국민들의 오아시스이기라도 한 것처럼 우리 국민들의 갈증을 해소해주기 위해 뚜벅뚜벅 들어왔다.

현실적이지 않다는 느낌은 "우리나라에도 이런 사람(집안)이 있었어?"하는 놀라움의 다른 표현이다. 외국의 존경받는 이들 중에는 훌륭한 가문에서 자란 사람이 많다.[12] 어릴 때부터 보고 배우며 자란 환경이 한 인간의 정신과 인격을 규정하기 때문이다. 한 사람의 됨됨이는 타고나기도 하지만 집안과 가문의 분위기와 에너지의 영향을 받아 형성된 것으로 판단해도 크게 그르지 않다.

한편 '최재형'을 보면서 많은 사람이 놀라는 이유는 대한민국의 근대사와 관련이 있다. 질곡으로 점철된 나라, 일제의 점

---

[12] 미국에서는 존 F. 케네디 대통령을 배출한 케네디 가문을 대표로 꼽는다. 유럽에는 예술가들을 후원하여 인류문화유산이 꽃피고 자라는 데 큰 역할을 했던 이탈리아의 메디치 가문이 있다. 우리나라도 가문의 역할을 중요시한다. 가정교육과 가풍(家風), 집안 어른의 본보기가 사람을 키운다고 봤다. 자본주의가 꽃을 피우면서 돈의 많고 적음이 사람을 평가하는 기준이 된 오늘날에도 '졸부'라는 단어는 사람 됨됨이가 중요하다는 뜻으로 사용된다. 예전에는 초등학교에서 '가훈(家訓)'을 적어내게 하는 등 가족공동체의 유지와 발전을 위해 노력하기도 했다.

령과 그들에 의한 우리 민족문화의 말살, 독립운동과 친일파 논란, 해방 이후 이념으로 찢기고 동족상잔의 전쟁을 겪은 나라, 산업화의 이면에 존재하는 재벌의 등장과 독점의 폐해 등은 온전히 개인과 집안 그리고 사회를 가만히 놓아두지 않았다. 모두가 씻을 수 없는 상처를 입었다. 가해자와 피해자를 구분하기가 쉽지 않은 사건도 많았다. 그래서 모두가 가해자이고 피해자였다. 가해자로 판명되더라도 그 이면을 살펴보면 또 다른 피해자였다. 먹기 위해 그리고 살기 위해 처절한 삶을 살았던 시기였기에 더욱 그랬다. 중국의 소위 문화혁명[13]이 중국의 수천 년 역사를 허물었다면, 대한민국의 근대사는 전통과 문화가 헤집어지고 뒤섞이면서 가족을 비롯한 공동체가 뿌리째 흔들리고 기왓장 깨지듯 무너져내린 시간이라고 해도 과언이 아니다. 특히 6·25 전쟁은 오직 폐허와 절망감만을 남겼다.[14]

[13] 1960년대 중반부터 1970년대 중반까지 중국을 뒤흔들었던 정풍운동을 일컫는다. 아버지와 어머니를 고발하고, 학교 선생님을 무릎 꿇려 강제로 머리를 깎고 자아비판을 하게 만들었던 혼란의 시기였다. 이는 마오쩌둥이 학생들과 청년들을 앞세워 일으킨 정적 숙청 사건으로, 여기에 앞장섰던 젊은이들이 자신을 가리켜 마오쩌둥을 지키는 병사, 즉 홍위병(紅衛兵)이라고 불렀다. 자본주의의 잔재(적폐)를 청산한다면서 기성 질서와 문화를 서적이며 문화재 등 가리지 않고 불태워 없앴다.

[14] '한강의 기적'은 거기에서 시작했다. 뒤에 살펴보겠지만 박정희는 시대가 만들었다. 명(明)과 암(暗)을 동시에 품으면서….

모두가 상처 입고 누더기가 되었다. 성한 몸, 성한 집안이 없었다. 가족들이 생이별하고, 이념으로 나뉘어 서로를 죽이려고 총을 쏘던 상황에서 무엇을 기대할 수 있겠는가. 하지만 다 무너지고 사라졌다고 생각했을 때, 없어진 줄 알았던 집안의 가보를 한쪽 구석에서 우연히 발견한다면 어떤 기분이 들까? 아마도 반가우면서도 당혹스러워 어찌할 바를 모를 것이다. 눈을 의심할 것이다! 너무 당황스러워 꿈은 아닌가 싶을 것이다! '최재형'의 등장이 그러했다!

문재인 정부의 감사원장에 최재형이 임명될 때만 해도 그것은 일반적인 뉴스 중 하나였다. 그렇게 눈에 띄지 않았다. 까다로운 인사원칙과 국회의 신상털기로 여러 후보자가 자진 사퇴를 반복하다가 문재인 정부 출범 1년 만에 채워 넣은 자리였다.[15] 즉, 최재형도 수많은 판사 출신 중 하나였다. 필자도 최재형에 대해 "문재인 정부의 인재 리스트에 올라 있는 사람이며, 결국 코드인사겠거니…"라고 했다. 하지만 달랐다. 감사원장으로서의 그는 선 굵고 인상 깊은 활동으로 다시 돌아보게 했다. 최재형이 도대체 누구야? 어떤 사람이야? 궁금증이 커

---

[15] 2017년 12월 21일 인사청문회 당일 청문보고서가 채택되었고, 같은 달 29일에 열린 본회의에서 총투표수 246표 중 찬성 231표, 반대 12표, 기타 3표로 임명동의안이 가결되었다. 2018년 1월 2일, 대통령에게서 임명장을 받고 임기를 시작했다.

지는 것에 비례해서 최재형이 또렷하게 보였다.

뒤늦게 최재형과 그 집안의 스토리가 알려졌다. '감사원장'이 더 크게 보였다가 그의 인품과 걸어온 인생을 알게 되면서 '최재형'에 더 주목하기 시작했다.

우리와는 차원이 다른 사람입니다

학교를 같이 다녔던 동창들, 같은 교회를 다니는 성도들, 어렸을 적 마을 친지들 모두 하나같이 '최재형'에 대한 경외심을 드러냈다. 심지어 성직자인 목사들조차 자신들과는 다른 사람이라고 했다. 인간은 자신보다 우수한 '이질적 존재'와 만나면 일단 경외심을 품는다. 그리고 '최재형'이 필자와 그들에게는 그런 존재였다. '우리와는 질적으로 다른 사람'이라는 인식을 가지게 된 것이다. 오욕칠정(伍慾七情) 등 사사로운 욕망에 사로잡힐 수밖에 없는 우리와는 현격히 다른 존재임을 깨달았고, 어쩌면 좋은 의미의 공포심마저 느낀 것이다! "아무리 그래도 사람인데 어쩔 수 없지" 하는 동질적 수용 범주에서 '최재형'은 제외해야 한다는 심리마저 작용했으리라.

이런 반응은 그동안 우리가 보아왔던 한국의 지도자들과 최재형을 비교하면서 나왔다고 생각한다. 우리나라의 인사 기준은 선진국들에 비해 까다로운 편이 아니다. 하지만 능력이 있어도 인사청문회의 현실적인 높은 벽을 통과할 수 있는 사람은 거의 없었다. 이를 통해 냉소적 가치판단이 사회 저변에 깔리게 되었다. 즉, 능력이 있어도 그에 비례하여 지워지지 않는 오염과 흠도 있으니, 그것이 눈살을 찌푸리게 한 것이다. 그나마 깨끗하면 공직자로서 지녀야 할 능력과 자세가 부족한 듯했다.

그렇듯 착잡한 현실을 인정하고 받아들이던 순간, 전혀 다른 인물이 포착되었다. 능력도, 도덕성도, 심지어 배짱까지 두둑한 인물이 나타난 것이다. 여태까지 본 고위직 공무원하고는 차원이 달랐다. 말이 되지 않았다. 생각 밖의 존재였다. 그래서 오히려 부정하고 싶기까지 했다. 즉, 최재형은 '연출'된 존재이거나, 우리가 모르는 '뭔가'가 대한민국에 존재하고 있음을 보여주는 증거인 것이다. 만약 최재형이 연출된 존재라면 이것은 최악의 결과로 이어질 것이다.[16] 반면 우리가 모르는 뭔가

---

16 실체는 그렇지 않은데 포장과 연출로 이미지를 세팅한 것일 수도 있다. 기대가 크면 실망도 크다고 했다. 연출된 이미지는 오래갈 수 없다. 금방 탄로 나고 만다. 언론과 국민이 그렇게 호락호락하지는 않기 때문이다. 하지만 '최재형'은 오히려 자신을 알리는 데 적극적이지 않았던 것 같다. 소위 '이미지'에 온 신경을 곤두세우는 관종과도 거리가 먼 듯하다. 그런 태도와 모습이 최재형에게는 플러스 요인이 되고 있다. 한편,

가 있다면 이것은 대한민국을 위한 신의 섭리요, 선물인 것이다! 어두운 터널을 지나면서 희망을 갈구하는 대한민국 국민을 위한 선물인 것이다! 이정표를 잃고 헤매던 한민족에게 표상을 쥐어주고 갈 길을 밝혀주는 운명적 만남인 것이다!

'최재형'에 대해 처음 들었을 때, 많은 부분이 포장됐으리라 여겼다. 그런 정도의 사람이 한국에 존재할리 만무하다는 생각이 들어서였다. 그런데 두 번, 세 번 거듭해서 듣자 슬슬 오기가 생겼다. "내가 그 위선을 벗겨주마!" 하며 달려들었다. 하지만 찾아보면 찾아볼수록 거부감은 당혹과 경외로 바뀌어갔다. "그동안 왜 이런 사람과 집안의 존재를 몰랐지?" 같은 궁금증이 커져만 갔다.

직접·간접적으로 '최재형'에 대해 알아가면서 깨달았다. 신은 우리를 버리지 않았을 뿐만 아니라 내 몸처럼 사랑하고 계신다는 사실을…. 하지만 신의 섭리라고 한들 우리는 그 뜻을 온전히 헤아릴 수 없다. 종교적인 언어로 이야기하자면, '우리가 해야 할 일을 찾아 최선을 다하면서 다만 순종할 뿐'이다. 하늘이 감동한다면 대한민국은 새로운 역사의 장을 열게 되지

필자는 최재형을 믿고 싶다는 생각이 간절하다는 점을 숨길 수 없다. 이런 차원의 희망과 기대는 좀처럼 오지 않으니까.

않을까 하는 기대감과 함께 말이다.

이렇듯 최재형에 대한 거부와 부정은 강한 경외심으로 바뀌어왔다. 이 때문에 최재형 신드롬이 우리 사회를 어떻게 변화시킬지가 궁금하다. 필자는 매우 흥미로운 드라마가 전개될 것이라고 본다. 그리고 지금까지의 바둑돌만으로도 '최재형'은 우리에게 커다란 희망을 주고 있다. 존재 자체만으로 국민에게 위로가 되고 희망이 되는 사람이 얼마나 있겠는가! '최재형'을 직접 아는 사람 중에 몇몇이 조심스럽게 말했다. "그는 성인(聖人, saint)과도 같습니다."[17] 처음에는 속으로 '에이, 그럴 리가!' 했지만, 이제는 그 말이 이해가 된다. 그의 삶과 그림자가 대한민국에 어떻게 드리워질지 자못 궁금하다.

다치거나 고난을 당하는 일이 없었으면 합니다

또 다른 현상도 나타나고 있으니, 바로 '최재형'을 아끼고 보호하려는 적극적인 태도다. 이들은 서로 본 적도 만난 적

---

[17] '성인'하면 대단히 특출한 존재인 줄 알지만, 사전적 정의는 다음과 같다. '지혜와 덕이 뛰어나 길이 우러러 본받을 만한 사람'(네이버 국어사전). 물론 대단한 정의다. 강조하고 싶은 것은, 성인도 인간이라는 점이다. 물론 지혜와 덕이 남다른 인간인 것이다.

도 없는 사람들이다. 단지 화면이나 글을 통해 최재형을 알게 된 사람들이다. 하지만 한결같이 그를 보호하려는 태도를 보인다. 이것을 어떻게 해석해야 하는가? 더욱이 이들은 "우리의 행동이 그의 삶에 걸림돌이 되거나 장애가 되어서는 안 된다!"는 확고한 신념을 갖고 있었다. 잘난 사람 옆에서 그 권력의 기운을 받아 어깨에 뽕 좀 넣어보고 싶은 생각도 있지 않을까 싶었다. 하지만 그들은 달랐다. 최재형을 알게 된 뒤 그의 삶에서 영감을 얻고 희망을 찾은 사람들이었기 때문이다.

이들은 '노무현을 사랑하는 사람들', 즉 노사모[18]에 비견될 수 있을 것 같다. 노사모는 노무현 자체에서 자긍심과 위로를 받던 사람들이었다. 노무현이 가면 어디든 '무조건' 따라가고자 하는 이들의 자발적 모임이 노사모다. 노무현 개인의 욕망

---

[18] 아는 동창 중에 노사모 핵심 멤버가 있었다. 노무현의 절대적인 지지자이자 노사모의 리더 중 하나로 활동했다. 필자가 뉴라이트 사무처장이라는 것을 알았을 때 이 친구가 보인 태도가 지금도 생각난다. "내가 너의 활동을 몰랐다면 좋았을 것을… 너와 나의 관계를 이제 더는 유지할 수가 없을 것 같아. 왜냐하면 나의 활동과 너의 활동이 배치되기 때문이야." 그는 괴로워하며 떠나갔다. 노무현 정부가 후반기에 FTA를 추진하고 한미동맹을 강화하는 데 관심을 기울이면서 보수 진영은 '노무현 정부 2기'가 '공화정'으로 변화하고 있다는 등 긍정적인 평가를 하기도 했다. 당시 다수의 좌파 진영이 이렇게 선회한 노무현의 정책을 비난할 때였다. 그 친구가 떠나간 뒤 이런 생각을 했었다. "어떤 것도 인간적인 관계를 해치거나 가로막을 수 없다. 세상이 변할지라도, 변하지 말아야 할 것도 있어야 하니까."

을 위해서가 아니라, 나라의 운명과 공동체를 위해 한몸을 던지는 매력에 빠져 그의 팬이 되는 것을 자처했던 사람들이었다. 하지만 이들도 내부적으로는 혼돈에 휩싸이곤 했다. 이념적·정치적 지향에 따라 노무현을 자신의 수단으로 생각하곤 했기 때문이다. 분명한 건, 노사모가 '노무현식 정치'에 커다란 지지 기반으로 작용했다는 점이다.

'최재형'에게서 뭔가를 발견한 사람들이 자발적으로 모이고 있다.[19] 그런데 이들은 노사모와는 또 다른 모습을 보인다. 다치고 넘어지면서도 도전을 두려워하지 않는 노무현의 모습에 노사모가 열광했다면, 최재형을 지지하는 사람들은 그가 애써 황당한 정치판에 뛰어들어 힘들어지거나 다치지는 않을까 걱정한다. 그러면서도 그의 선택을 존중하고, 그가 가는 길에서 자신이 걸림돌이 되지는 않을까 염려하면서 자신의 모습을 돌아본다는 데서 노사모와는 근본적인 차이가 있다.

---

[19] 최재형의 팬들이 자발적으로 모여서 형성한 팬덤으로는 다음과 같은 모임이 있다. '최재형 국민응원단', '별을 품은 사람들', '자유서울' 등이다. 듣기로는 이 순간에도 전국에서 자발적인 모임이 새롭게 조직되고 있다고 한다. 2021년 7월 15일, 최재형이 국민의힘에 입당했다. 이와 관련 팬덤의 반응이 뜨거웠다. 국민의힘을 지지하지 않는데 당황스럽다는 의견도 있었고, '최재형'이 입당했으니 이참에 국민의힘을 새롭게 받아들이겠다는 의견도 나왔다. 더 적극적으로는, 아예 국민의힘의 책임당원으로 가입하여 국민의힘을 새롭게 변화시켜나가자는 의견도 나왔다고 한다. 참으로 놀랍기 그지없다.

결국, 모든 선택은 '최재형' 자신에게 달렸다. 그가 신과 역사 앞에서 무릎을 꿇고 기도를 통해 소명을 느끼는 순간 그의 팬덤도 그와 함께할 것이다. 아마도 이 자발적인 팬덤은 최재형의 앞길에 커다란 긍정적인 에너지로 작용할 것이다. 어쩌면 대한민국의 커다란 국민적 힘이 될 것 같은 예감이 든다. 그가 만약 나라와 민족을 위해 큰 결단을 내리고 십자가를 진다면 말이다.

어떤 사람은 남들이 보기에 조그마한 이용 가치라도 있다면 등 떠밀려 억지로 앞으로 나가기도 한다. 또 어떤 사람은 제발 자기 등 좀 밀어달라며 다양한 연출을 하거나 아양을 떨기도 한다. 하지만 진정으로 그를 아끼며 그의 선택을 존중하면서 조용히 기도하고 따라가는 사람들은 얼마나 될까? 그리고 소위 보수·진보를 떠나 최재형에게 몰리는 관심과 성원의 성격에서 새로운 시대의 가능성을 본다면 이것은 과한 것일까? 만약 과한 것이라고 해도, 이 흐름이 어떻게 변화·발전해나갈지 지켜보고 싶다.

힘든 세상살이에서 희망을 보았습니다

오랜 경기 침체와 코로나19로 서민들의 생활고는 이루 말할 수가 없다. 특히나 현 정부 들어 소위 무리한 '적폐 청산'과 안면몰수의 끝판왕격인 내로남불질 등으로 일반인들이 느끼는 박탈감은 형용할 수가 없을 지경이다. 이렇게 국민을 반으로 쪼개고 사회 갈등을 유발한 정권은 지금까지 없었다. 온 국민의 힘을 하나로 모아도 시원찮을 판에 분열과 갈등을 일으키니 나라꼴이 말이 아니다. 게다가 대한민국을 부정하는 발언을 서슴지 않고 해댐으로써 국민의 정체성을 뒤흔드는 정부가 이제껏 있었단 말인가! 그래서 여당과 그 핵심 구성원인 운동권을 향해 "과연 대한민국의 정당이 맞는가?"라고 묻는 국민이 많아지고 있다.

필자는 현실에서 희망을 찾을 수가 없었다. 어디를 봐도 제 잇속만 챙기는 사람들뿐이기 때문이다. 정치인들조차 대놓고 이권을 챙기는 데 혈안이 되어 있다. 힘들수록 모범을 보이며 앞장서 가는 지도자들이 간절했다. 하지만 어디에도 보이지 않았다. 권력도 배경도 없는 국민은 길을 잃고 좌절할 뿐이었다.

희망은 과연 있는가? 필자는 희망을 최재형 신드롬에서 봤다. 생활고에 시달리는 일반 국민이 최재형을 화제로 꺼낼 때마다 환하게 웃곤 한다. "이런 사람이 우리 곁에 있다!"고 하는 등 마치 자기 식구인 양 자랑하는 분들이 늘어간다. 이런 모습에서 필자는 "아, 희망이 이미 우리 곁에 왔구나!"하는 기쁨을 얻곤 한다. 한 번도 만나본적 없고 앞으로도 만날 가능성이 크지 않지만, 누구보다도 잘 아는 사람처럼 최재형에 관해서 이야기하는 사람들…. 이런 보통사람들의 환한 얼굴에서 매번 희망을 본다.

모범적으로 살아간다는 것은 어떻게 사는 것일까? 답을 구한다면 겉과 속이 한결같은 지도자의 전형인 '최재형'을 보라![20] 어떤 인물은 삶이 피워내는 향기와 존재 그 자체만으로 국민들에게 행복과 희망을 준다는 사실을 한국의 여·야 정치 지도자들이 깨달았으면 좋겠다.

현재 최재형의 스토리가 소리소문 없이 퍼지면서 그에 대한 팬덤이 자발적으로 형성되고 있다. 다양한 사람들이 온라인 공간과 오프라인 공간에서 최재형을 위한 모임을 결성하고 있는 것이다. 코로나19 때문에 힘들고, 온갖 나쁜 뉴스 때문에 삶이 피폐해졌지만 '최재형'이라는 이름만 나오면 즐겁다고

[20] 일반인들은 '최재형'의 삶과 집안에서 올곧이 참된 지도자의 모습을 확인하고 있다. 또한 그것이 거짓일 수가 없다고 판단한다. 거짓이라면 이렇게 진한 감동을 줄 수 없다면서 말이다.

한다. 그의 지난 삶을 보며 감동하고, "나도 저렇게 살아야겠다!"는 다짐만으로도 새로운 비전과 의지가 솟는다고 한다.

　흔히들 '감동을 주는 정치'라는 말을 한다. 필자는 '감동을 주는 정치'는 '정책'이 아니라 정치인의 모범적인 삶에서 나온다는 것을 최재형 신드롬을 통해 거듭 확인하고 있다. 우리 국민은 지도자가 모범을 보이며 앞장서면 따를 준비가 되어 있다는 것도 함께 말이다. 나라 안팎이 여러 가지 사정으로 힘들지만, 최재형에 대해 신명나게 이야기하는 사람들로부터 대한민국의 새로운 에너지가 만들어지고 있는 것을 목격하고 있다.

최재형 신드롬의 원인

보수(保守)가 우리 사회의 주류였던 적이 있다. 그 당시에는 대한민국 국민의 60퍼센트 이상이 자신을 보수라고 서슴없이 소개했다. 하지만 지금 대한민국에서 보수는 비주류다. 헌법을 지키는 사람들, 자유민주주의를 자신의 가치로 삼는 사람들이 주위의 눈치를 보는 시대가 되었다. 오히려 대한민국을 부정하는 사람들, 대한민국은 태어나지 말았어야 하는 나라라며 폄훼하는 사람들이 주류가 되었다. 소위 진보(進步) 진영이 그들이다. 이게 어찌 된 일이냐며 통탄하는 분들이 늘어나고 있다. 최재형 신드롬은 이 지점에서 싹을 틔우기 시작했다.

증상엔 언제나 원인이 있다. 원인을 알면 사안에 따라 마땅한 해결책을 마련할 수 있다. 최재형 신드롬이 왜 발생했는지를 밝히는 일은 대한민국의 현 실태를 진단하는 것과 같다. 시대가 무엇을 요청하고 있는지, 국민이 원하는 것이 무엇인지 깨닫는 과정이기도 하다. 그럼 도대체 최재형 신드롬은 어디서 그리고 왜 발생하였는가?

아버지를 아버지라 부르지 못하는 홍길동 그리고 국민

소위 '진보'라 일컬어지는 세력은 거의 다 과거에 '반체제 활동'을 주업으로 삼던 사람들이다. 한때 많은 좌파 활동가들은 "나의 조국은 휴전선 이북에 있다!"고 선언했다. 나도 그랬다. 그리고 얼굴에 뭐가 묻으면 비누칠해서 물로 닦아내야 하듯이 정신에 뭔가가 씌어 있으면 마찬가지로 닦아내야 한다. 이것을 게을리 하면 이것도 저것도 아닌 것이 되어 자신뿐만 아니라 온 국민들에게 고통만 줄 뿐이다. 그런데 386 운동권은 시나브로 합법적인 공간에서 국회의원이 되고 정권을 잡으면서 드러내놓고 반(反)대한민국을 소리치지 않을 뿐, 언뜻 그리고 어정쩡하게 그때의 경향을 드러내놓곤 한다.

386 운동권은 이것을 '의식화'라고 불렀다. 1980년대에는 대학에 갓 입학한 신입생들을 운동권 선배들이 꼬드겨 소위 '독서토론회'에 참여시켰다. 고등학생 때까지 주입식 교육을 받으며 세뇌당했던 정신을 새롭게 한다는 뜻에서 '시각 교정 세미나'라고 했다. 이는 당시에 대학생이면 모두가 필수적으

로 거쳐야 하는 과정이었다. 소위 '시각 교정'을 마치면 그중 일부만 따로 불러다가 본격적으로 마르크스-레닌주의와 주체 사상을 가르쳤다.

당시 독보적인 영향력을 구사했던 것이 『해방 전후사의 인식』이라는 책이다. 대표적인 내용만 추려보면, 대한민국은 해방 이후 친일파가 주도권을 행사하며 미 제국주의의 영향력 아래에서 태어난 식민지이고, 6·25 전쟁은 남침이 아니라 미국이 파놓은 함정에 빠진 내전(內戰)이었으며, 북한은 인민 대중을 위한 정책을 펴온 정상국가로 남한보다 살기 좋은 곳이며, 미국은 일본과 함께 한국의 노동자들을 수탈하는 제국주의 국가이니, 고로 반미-자주화가 필수적이라는 내용이었다. 지금 생각하면 참으로 무서운 내용이 아닐 수 없다.

대학 신입생이 되어 『해방 전후사의 인식』을 안 읽으면 지식인 축에 끼지도 못했다. 심지어 여학생들에게는 이 책의 제목을 앞으로 하여 가슴에 끼고 다니는 것이 '나는 지성인'이라고 뽐내는 길이기도 했다. 현재의 젊은 여성들이 눈 튀어나오게 비싼 명품백을 들고 다니는 것처럼 말이다. 한참을 지나 나중에 안 사실이지만, 이 책의 집필 목적은 대한민국을 깎아내리고, 대한민국 국민들을 반체제·반대한민국 성향으로 의식화시키기 위한 것이었다. 하지만 그때는 이 책이 객관적으로

서술된 학술서적으로 알려지고 받아들여졌다. 돌이켜보건데 "만약 동·서 냉전이 해소되지도 소련이 망하지도 않았다면, 지금 현재의 대한민국은 어떻게 되었을까?" 생각하니 모골이 송연해진다.

1990년대 후반까지 '보수'의 반대는 '급진'이었다. 그리고 보수는 대중의 선호를 받았다. 하지만 어느 순간부터 보수는 구태의 이미지로 전락했다. 급진 세력은 세련된 진보의 이미지를 뒤집어썼다. 이러한 상황에 결정적 원인을 제공한 것은 소위 '보수정당'이었다. 목적을 위해선 수단을 가리지 않고 불법과 탈법을 저지르는 보수정당의 모습이 언론을 통해 폭로되면서 보수의 이미지는 나락으로 떨어졌다.

예를 들어, 2002년 대통령 선거를 앞두고 국민의힘의 전신인 한나라당이 기업으로부터 '차떼기'로 불법적인 선거자금을 챙겼다. 이 모습이 들통나면서 보수 세력은 씻을 수 없는 상처를 입었다. 심지어 이 당시에 "더 이상 '보수'라는 표현을 쓰지 말자!"는 이야기마저 보수 세력 안에서 나왔다. 이름을 바꾸면 이미지를 세탁할 수 있다는 착각마저 한 것이다. 다시 10여 년이 지났다. 2016년 박근혜 대통령 탄핵 이후 2021년 초까지 '보수'에 대해서는 비판적인 이야기만 나왔다. 하지만 2021년 4·15 재보궐선거에서 보수가 승리한 이후 이런 비판은 쏙 들어갔다. 그러나 보수 세력이 다시 궁지에 몰리면 자기들 자신이 문제가 아니라 '보수'라는 이름이 문제라면서 개명하자는 이야기가 또 나올 수도 있다.

그러나 보수 세력이 코너에 몰린 이유는 단지 법을 어겼기 때문만은 아니다. 정권을 잡아도 제 역할을 못 했으며, 뚜렷하게 내세울 만한 인물도 없었기 때문이다. 이명박·박근혜 정권 모두 대기업에 휘둘렸다. 친기업 정책은 곧 친재벌 정책이 되었다. 결국, 박근혜는 지지도가 4퍼센트 이하로 떨어지면서 국정 운영에 필요한 동력마저 잃고 탄핵을 당했다. 이명박·박근혜 두 보수정당 출신 전직 대통령들은 지금 감옥에 있다.

이명박·박근혜를 감옥에 보낼 당시 더불어민주당은 100년 집권의 꿈을 꿨다. 하지만 교만은 화를 부른다는 것은 만고의 진리다. 2021년 4월 재보선에서 국민의힘이 승리한 것이다. 하지만 이 기적은 국민의힘이 스스로 만든 것이 아니다. 누구를 내세웠어도 국민은 더불어민주당을 심판했을 것이다. 즉, 4월 재보선 결과는 교만한 여당과 문재인 정권이 화를 자초했기 때문이다. 만약 국민의힘이 반대로 교만해져서 시류를 읽지 못한다면 화를 피할 수 없을 것이다. 하늘과 국민은 누가 더 많이 내려놓고 겸손한지 지켜보기 때문이다.

국민들이 보기에 지금 대한민국의 나라꼴은 참으로 가관이다. 선거 때마다 이기고 지는 결과에 따라 정치권은 술렁이지만, 어느 정당도 어느 정치인도 대한민국 국민의 마음을 붙잡지 못하고 있다. 소모적인 정쟁이 난무하고, 개혁은 화장발에 의존했다. 국민은 갈수록 정치권에 대한 마음을 접었다. 국민을 사로잡는 매력적인 정치인 하나 없는 대한민국은 마치 침몰하고 있는 여객선과 다를 게 없다. 대한민국 국민들이 정치에 다시 관심을 갖게 만들려면 고만고만한 정치인이 아니라 새로운 리더십을 갖춘 신선하고 든든한 인재가 필요하다. 나이나 지역의 문제가 아니다. 모든 국민이 존경하고 따를 수 있는 덕망과 역량을 갖춘 지도자를 국민이 갈구하고 있기 때문이다.

궁지에 몰릴 때마다 당의 이름이나 바꿀 생각이나 할 뿐인 얄팍한 정치인이 아니라, 그의 존재 자체만으로도 모든 국민에게 희망을 주는 그런 정치지도자를 대한민국 국민들은 갈구한다. 하지만 역경과 고난으로 점철된 대한민국 근대사의 잿더미를 뚫고 희망이 움터 나오는 것은 지금 상황에서는 불가능한 일인지, 이제껏 그런 정치 지도자를 볼 수 없었다. 물론 대한민국이 그런 정치지도자를 가지지 못한다면 대한민국의 희망과 비전은 끝내 망상에 불과해질 것이다.

현재 대한민국의 한쪽에는 어설픈 운동권 마인드를 아직도 버리지 못한 채 아마추어적인 정책과 부정적인 역사관으로 국민의 생계와 자존심을 허무는 자들이 있다. 다른 한쪽에는 그 자들 덕분에 누리게 될 반사이익을 기다리는, 아직도 정신 차리지 못한 자들이 있다. 후자들은 자긍심도 철학도 없기에 "저런 자들은 보수라고 불릴 자격이 없다!"는 질타마저 듣고 있다. 이들 모두 우리 대한민국 국민들을 우습게보지 말아야 한다. 더 이상 예전처럼 눈 가리고 아웅하면서 피해갈 수는 없기 때문이다.

역대 정치지도자의 장점을 승계하는
새로운 지도자는 없는가?!

대한민국의 근대사는 짧으면서도 곡절이 많다. 특히 대통령들은 불의(不義)와 부정(不正)에 연루되어 임기를 제대로 마치지 못했거나 육체적·심적 고통을 겪었다. 물론 이들 모두 하나하나 들춰보면 나름의 장점이 있었다. 공로가 7이요, 과오가 3인 경우도 있다. 물론 공로와 과오의 비율이 이와는 정반대인 경우도 있다. 하지만 이들 중에서 온 국민이 존경하는 대통령을 꼽으라면 과연 누구를 꼽을 수 있을까?

이렇듯 대통령의 비극을 반복적으로 겪어야 하는 대한민국 국민의 마음은 벼랑 끝에 몰린 사람의 것처럼 새카맣게 타들어가고 있다. 혹자는 이것이 '제왕적 대통령제'의 폐해라고 말한다. 맞다! 그러나 일면만 그렇다. 제도의 오류를 줄이고 개선해나가는 것도 물론 중요하지만, 더 시급한 일은 제대로 된 지도자의 등장이다.

한편, 권력은 '권력에 대한 의지'에서 나온다고 한다. 그럼 '권력에 대한 의지'라는 것은 도대체 어디에서 비롯되는가? 개인이 만드는 불굴의 욕망에서인가? 아니면 집단의 의지를 표현한 것인가? 아니, 어쩌면 그저 광기(狂氣)일지도 모르겠다. 사실, 권력을 손에 쥐겠다는 염원은 열등감의 다른 표현이기 때문이다.[21] 남들 위에서 군림(君臨)하고 싶다는 욕망, 제왕으로서의 권력을 소유하고서 만인의 위에 서겠다는 의지의 표현인 것이다. 매우 저급한 목표의식이 아닐 수 없지 않는가!

아마도 이런 마음이 대한민국 역대 대통령들로 하여금 하나같이 초라한 결과를 만들게 했는지도 모른다. 제왕인 대통

---

[21] 오스트리아의 정신분석자 알프레드 아들러는 권력에 대한 의지를 다음과 같이 설명했다. "인간의 행동과 발달을 결정하는 것은 인간 존재에 보편적인 열등감·무력감과 이를 보상 또는 극복하려는 권력에의 의지, 즉 열등감에 대한 보상욕구다."(인터넷 '두산백과'에서 인용)

령의 세속적 마음을 읽은 그의 가족들과 부하들이 대통령처럼 권력을 소유하고 또 휘두르고자 했기 때문이다. 그래서 나라는 물론이거니와 대통령 개인도 자괴감 들고 괴로워한 것이 아니겠는가! 즉, 대통령에게도 너무나 인간적인 한계와 모순이 있었기에 '국민적 열망이 담긴 권력'을 감당해내지 못했던 것이다. 필자는 그런 저주가 대한민국의 역대 대통령들에게 내린 것은 아닐까 하는 의구심마저 든다.

새로운 시대의 리더는 인간적 염원과 욕망에 좌지우지되어 권력이나 지향해서는 안 된다고 생각한다. 권력은 소명의식(召命意識, calling consciousness)[22]에서 비롯되어야 한다. "내가 무엇을 해보겠다!"라고 생각하기에 앞서 "난 무엇을 실현하고 싶은가?" 그리고 "나 자신은 그것을 위한 도구로 적합한가?"를 묻는 작업 먼저 해야 한다. 옛말에 "백성은 하늘이다"라고 했다. 그리고 권력은 하늘이 내리는 것, 국민이 부여하는 것이다. 그러니 자기 자신을 온전히 버리고 비워야 한다. 그리고 오직 덕망과 지혜를 구하는 자가 국민들로부터 권력을 잠시 빌려서 사용하는 것이 대통령의 본분임을 늘 마음속에 새겨두어

---

[22] 소명(의식)은 종교적 용어이지만 이제는 일반인들도 사용하는 단어가 되었다. '영성(spirituality)'과 마찬가지다. 겸손한 마음으로 자신을 비우고, 자신의 삶과 역할을 규정하기 위해 하늘의 뜻을 찾는 것을 의미한다.

야 한다. 국민들 위에 군림하려는 자는 무장 해제를 당할 것이다. 국민들의 종복이 되겠다는 자는 국민들이 내어준 칼과 방패를 쥐게 될 것이다.

이승만 대통령

의견이 가장 분분한 대통령이다. 앞서 언급한 책 『해방 전후사의 인식』에서는 나라를 미 제국주의에 팔아넘긴 친일파의 앞잡이이자, 민족주의자였던 김구와 대비하여 반(反)통일 세력으로 낙인찍는다.

1980년대 중반에 대학을 다녔던 필자의 사례를 보면, 운동권은 의식화의 시작이자 끝을 '이승만'에 관한 시각 교정에 두었다. 그리고 이는 운동권에게 가장 중요한 작업이었다. 대한민국의 국부(國父)이자 초대 대통령[23]인 이승만을 부정하는 것은, 곧 대한민국을 부정하고 북한을 추종하는 길로 가는 관문을 여는 셈이기 때문이다.

---

[23] 초대 대통령이냐, 건국 대통령이냐 하는 것은 중요하지 않다. 이 둘은 대립하는 개념이 아니기 때문이다. 이승만은 초대 대통령이면서 건국 대통령이다. 일제강점기의 임시정부 시절에도 대통령의 위치에서 활동했다. 문제는 이승만의 공과(功過)에 대한 해석이다.

물론 시각 교정을 당하는 신입생들의 첫 저항은 만만치 않았다. 필자도 "이승만을 부정하는 것은 공산주의를 인정하는 것!"이라며 운동권 선배들에게 대들었다. 그런데 대학 입학 전까지 우리가 배운 지식은 "이승만은 훌륭한 대통령이었는데, 부통령인 이기붕 같은 몹쓸 인물을 만나 결국 하야했다"는 내용이었다. 특히 당시에는 고등학생 때까지 반공교육이 체계적으로 이루어졌고, 그래서 이승만의 반공 정책을 높이 평가하던 시절이다. 그러니 이승만에 대한 운동권의 재평가는 그때까지 쌓아온 필자의 가치관을 바닥부터 허무는 것과 같았다.

오늘날 대한민국에서 급진적 운동권 세력은 선거를 통해 정권을 잡고 역사를 재평가해왔다. 그 과정에서 이승만을 대놓고 폄훼해왔다. 예를 들어, "이승만이 없었다면 통일되었다", "이승만은 민족의 철천지원수다", "이승만은 친일파이자 교활한 늙은이였다" 같은 식이다. 운동권은 이승만을 부정하는 만큼 자유민주주의를 부정하고 대한민국을 부정하는 방향으로 신입생들을 몰고 갔다. 반사이익은 당연히 북한이 챙겼다. 지금도 여당의 일부 의원들과 운동권이 이승만에 대해 의식적으로든 무의식적으로든 부정적으로 묘사하고 규정하는 이유는 여기에 근거한다. 즉, 북한을 이롭게 하려는 것이다. 그리고 이들 중 대부분은 과거 의식화의 내용에서 무엇이 잘못되었는지조차 모른다. 깊이 있는 반성과 성찰이 빠져 있기 때문이다.

한편, 4·19 혁명 유공자들은 다른 각도에서 이승만을 비판한다. 이분들은 자유민주주의를 뼛속까지 확실하게 체화한 분들이지만, 이승만의 리더십은 독선적이고 반(反)민주적이었다고 주장한다. 또한 이승만을 인정하는 것은 헌법에 새겨진 4.19 정신과 민주화 유공자인 당신들을 부정하는 것이라고 주장한다. 하지만 중국의 국부인 마오쩌둥은 1960년대의 대약진운동과 이어진 문화혁명으로 무려 5천만 명 가까운 대중을 아사(餓死)시키는 등 죽음으로 내몰았지만, 그의 커다란 사진은 버젓이 천안문 광장에 걸려 있다. 공로는 공로대로 과오는 과오대로 평가하는 것이 올바르다는 개혁·개방의 리더 덩샤오핑의 주장이 그 이면에 있다.

그렇다면 우리는 언제쯤 이승만을 공로와 과오를 구분하여 평가하게 될까? 이는 새로운 대한민국, 평화통일로 나아가는 한반도를 위해서 다음 대통령이 져야 할 책무 중 하나가 되어야 한다.

박정희 대통령

박정희는 현재에도 살아 있다. 지금도 서울 도심의 사거리에는 박정희의 사진을 앞에 두고 시위를 벌이는 사람들이 있지 않는가. 하지만 박정희는 논란의 인물이다.

박정희는 가난한 농업국가였던 대한민국의 산업화, 즉 '한강의 기적'을 일으킨 상징적 통솔력으로 기억된다. 그래서 아직도 많은 이들이 추종하며 숭배한다. 이승만과 박정희를 패키지처럼 묶는 이들도 있는데, 이는 이승만의 지지자들이 박정희를 함께 엮어 자유대한의 가치를 수호하고 발전시킨 대통령으로 평가·옹호하기 때문이다. 이는 운동권이 이승만은 물론 박정희마저 깎아내리는 이유이기도 하다. 이승만과 박정희가 통으로 부정되어야 '대한민국의 기적'은 치욕스러운 역사로 기술되기 때문이다.

운동권은 이승만에 이어 박정희까지 대표적인 친일파로 몰아가는 데 온 힘을 기울였다. 그리고 지금도 마찬가지다. "일제강점기에 만주 군관학교와 일본 육군사관학교를 졸업한 대표적인 앞잡이이며, 일본에 피로 쓴 편지로 충성을 맹세한 자다! 일본식 이름은 다카키 마사오였다!"면서 '사료'라는 것들을 들이댄다. 하지만 이들은 박정희의 또 다른 경력에 대해서는 입을 다문다. 자신들에게 이롭지 않기 때문이다.

박정희는 해방 이후 만주를 떠돌다가 장교 경력자로 대한광복군에 입대한 뒤 중대장에 임명되어 짧은 기간 동안 활동했다. 하지만 당시 미군정의 정책에 따라 광복군의 자격으로 는 조국에 들어올 수 없었다. 그래서 광복군이 해산된 후 개인 자격으로 입국했으며, 1946년에는 남조선국방경비대의 소위 로 근무했다. 이후 박정희는 기록에 의하면 남조선노동당(남 로당)[24]에 비밀리에 들어가 활동했다고 한다. 여순 사태를 계 기로 숙군(肅軍)이 일어나 잡혀가던 시점에는 소령 계급장을

---

[24] 소위 '해방공간'이던 1946년 11월, 남한의 서울에는 공산주의를 표방 하는 정당이 결성되었다. 남로당이 그것이다. 남로당은 지식인으로서 리더십도 갖추고 있던 박헌영을 옹립했다. 같은 해 8월 29일, 북한에 김일성의 북조선노동당이 만들어졌다. 386 운동권은 의식화되기 전까 지는 이승만과 김구 등을 '근대의 아버지'로 여겼다. 하지만 의식화의 과정을 이수한 후에는 바뀐다. 이승만의 자리를 박헌영이 차지한다. 이 들이 '좌·우 합작'이라는 망상 속의 인물로 그렸던 여운형도 새롭게 부 상했다. 조봉암(초대 농림부 장관, 소위 '진보당 사건'으로 구속, 간첩죄로 사 형당함)을 비운의 인물이라면서 좋아하는 이들도 많았다. 주체사상이 본격적으로 들어오기 전까지는 아직 북한에 대한 부정적 인식이 남아 있었다. 1980년대 중반 이후 주체사상을 신봉하는 주사파가 대학의 운 동권을 접수하면서 김일성은 운동권 사이에서 독보적인 1위에 오른다. 심지어 필자는 이런 선배도 봤다. "어쩌면 김일성은 가랑잎을 타고 압 록강을 건넌 게 맞을지도 몰라. 우리하고는 다른 인물이잖아." 한심하 다고 생각할지 모르지만, 지금 정치의 일선에 있는 운동권이 그랬다면 믿겠는가? 그리고 그 선배는 사상적으로 전향했냐고 필자가 물을 때마 다 말을 흐리기만 한다. 버럭 화를 내면서 말이다. 필자는 창피한 과거 를 있는 그대로 꺼내놓고 반성하는 사람만이 정치를 할 자격이 있다고 생각한다. 사실, 누구나 잘못할 수 있지 않는가. 하지만 자신의 잘못을 반성하는 것은 누구나 할 수 있는 것이 아니다. 오히려 자신들이 지성 적이라서 대한민국 국민들을 가르쳐야 한다는 운동권이 반성보다는 선 민의식으로 삐뚤어져 있으니 혀를 찰 노릇이다.

달았다. 박정희는 이때 무기징역을 선고받는다. 만약 쿠데타를 일으키지 않았더라면 결코 대통령이 될 수 없었을 사람이다. 박정희는 일 처리 능력과 리더십이 남달라 두각을 보였기에 이렇듯 위기가 닥칠 때마다 살아남았다. 결국 대통령이 됐지만, 모두가 알고 있다시피 그 끝은 좋지 않았다.

386 운동권을 향해, 박정희가 독립운동을 했던 광복군에 소속된 장교였으며, 심지어 당신들이 좋게 평가하는 남로당에서 중책을 맡은 빨갱이였다고 하면 기겁한다. 말도 안 되는 소리 말라면서 정색하기까지 한다. 이렇게 해서 '박정희＝친일파＝나쁜 놈'이라는 공식이 깨지면 비타협적이던 분위기는 황망하게 바뀐다. '한강의 기적', '대한민국 산업화의 공로'를 단지 '박정희는 친일파'라는 비난으로 훼손하는 것에 한계를 느꼈기 때문이리라.

이것은 소위 '태극기 단체'로 참칭되는 일부 보수 진영에도 통하는 이야기다. 물보다 피가 진하고 그 피보다 진한 것이 이념과 사상이라면서 말이다, "한 번 빨갱이는 영원한 빨갱이!"[25]라고 낙인찍는 사람들에게 "당신들이 숭모하는 박정희

25 보수 진영의 시민운동이 본격적으로 시작된 것은 2004년에 뉴라이트가 출현한 뒤부터이다. 그전에는 소위 '나라 걱정하는 어르신들'이 아스팔트도 지글지글 익혀대는 뙤약볕 아래에서 구호를 외치며 반정부

도 남로당 소속 빨갱이였다"고 하면 마찬가지로 기겁을 한다. 시대가 어떻게 흘러오고 바뀌었는지 모르니까 보이는 반응이다.

오래된 흑백사진의 한 장면 같은 이야기를 소개한다. 1960년 대 후반에 박정희만 빼고 모두가 경부고속도로[26]의 건설을 반대했다. 지금 생각하면 어이없지만, 당시 소위 지식인들은 경

시위를 하고, 대중적 세미나나 토론회에 참가하는 것이 다였다. 이 당시 뉴라이트를 이끌었던 것은 소위 '전향 386'이었다. 이들은 좌에서 우로 사상적 전향을 했다고 명시적으로 선언했으며, 이들이 보수 진영의 시민운동을 이끌었다. '운동'이 무엇인지 체계적으로 배우고 닦은 운동권이 보수 진영의 시민운동에 새로운 바람을 불어넣은 것이다. 정치학교를 만들어 운영했고, 전국 조직과 부문별 조직도 건설했다. 논객학교를 운영하면서 글쓰기를 가르쳤고, 청년학생 사업에도 매진했다. 2007년에는 전국 수십 개 대학의 총학생회 선거에서 이기기도 했다. 이때 소위 '순수혈통'이라고 자부하던 분들이 전향 386들을 비난하며 하던 말이 바로 이 말이었다.

[26] 경부고속도로의 가운데 지점인 추풍령에는 기념탑이 있다. 거기에 박정희가 쓴 글이 있다. '자주·부강·자유·평화·승리·통일'이다. 순서를 보라. 자주와 부강이 앞에 있다. 자유와 평화는 그다음이고, 마지막으로 승리와 통일이 이어진다. 통일을 맨 앞에 세우지 않은 이유는 당시에 통일이 대개 '북한으로의 흡수통일'을 의미했기 때문이다. 북한의 국력이 대한민국을 앞섰기 때문이다. 자유와 평화가 중요하지만 먹고사는 문제는 더 중요하다. 그래서 이를 해결하기 위해 일단 양보하고 허리띠를 졸라매자는 정치적 의미가 숨어 있었다. 1960년대 대한민국은 확실히 북한보다 많이 못살았다. 6·25 전쟁 이후 경제 회복 과정에서 북한이 앞질러갔을 정도였다. 대한민국이 경제력 면에서 북한을 앞지르기 시작한 것은 1973년부터다.

부고속도로 건설 반대가 옳다고 판단했다. 심지어 서울대학교 이공계 교수들이 성명서를 내고 경부고속도로를 반대하기까지 했다. 우리나라 자동차 산업의 수준을 볼 때, 그 넓은 도로에 다닐 차들을 생산할 수 없을 거라는 내용도 덧붙였다. 이렇듯 우리 대한민국 사람들 안에는 비논리적이고 비상식적인 잣대가 늘 존재한다. 일본인들이나 중국인들의 '국민성'을 조롱하는 한국인들이 우스워 보일 정도다. 물론 소위 '진영논리'가 이를 강화한다. 마치 "조국이 바로 나다!", "내가 정경심이다!"라고 외치는, 그것이 정의로운 일인 양 군중심리에 빠진 채 허우적거리는 이들처럼 말이다.

이승만과 박정희, 두 역대 대통령을 간단히 언급했다. 이들의 이야기는 하나같이 우리 역사의 파란만장한 면을 드러내고 있다. 그리고 그것은 아직도 아물지 않은 상처다. 그래서 필자는 "새로운 정치에 의한 새로운 리더십은 부디 이러한 상처를 보듬고 치유하는 통합의 리더십이 되기를" 소망해본다. 역사의 아픈 기억들과 사건들이 대한민국 내부의 갈등을 해소하고 대한민국 국민들을 통합시킬 에너지가 되는 계기가 되었으면한다. 다 아픈 손가락들이지 않는가.

압축적 고도성장에 따른
'도착적 근대화(perverted modernization)'

대한민국을 자랑하는 사람들이 꺼내놓는 레퍼토리가 있다.
이것은 보수·진보 모두가 하나같이 동의하는 바이다.[27] 아래
에 소개해보겠다.

- 1945년 이후 독립한 제3세계 나라 140개 중 유일하게
  근대화에 성공했으며, 심지어 일부 선진국들을 추월하기
  까지 한 나라다.
- 정치의 민주화, 시민의 자유, 언론의 자유, 과학의 선진화,
  사회문화의 개방에 성공한 나라다.
- 원조와 지원을 받던 최빈국에서 이제는 어려운 나라들을
  돕는 선진국으로 거듭났다. 단군 이래 최대의 민족적 성

---

[27] 얼마 전부터 소위 '국뽕'이란 단어가 등장했다. 대한민국을 자랑스러워
하며 우쭐거리는 '허세'를 의미한다. 일본인들이 외국인들을 고용하여
"일본은 OO하니까 대단해!"라는 내용의 촬영을 한다며 조롱하더니만,
우리 또한 이런 행위를 하고 있는 것이다. 국뽕 중에는 시간이 지나면
서 '근거 없는 자신감(근자감)'으로 밝혀지는 것도 있으나, 꽤 설득력 있
는 것도 있다. 국뽕이 진영논리와 연결되면 자신의 진영과 정파의 이익
을 위해 나라의 성과와 대한민국의 이미지를 활용하기까지 한다. 우려
스러운 점은 국뽕이 우리나라를 있는 그대로 보지 못하게 하는 것이다.
잘한 것은 칭찬하는 것이 당연하지만, 못한 것은 지적해야 한다. 그래
야 우물 안 개구리 신세가 되지 않는 법이다.

취를 이룬 나라가 되었다.

세계 1위 분야를 늘어놓은 것도 있는데, 아래와 같다.

- 여자 골프 랭킹 1위 장기간 석권
- 조선업 선박 수주율 세계 1위(재탈환 초 읽기)
- IT 강국 – 모바일 속도 세계 1위
- 메모리 반도체 생산 세계 1위
- 스마트폰 보급률 세계 1위
- 케이팝 분야 – 빌보드차트 세계 1위
- E-스포츠(컴퓨터 게임) 세계 1위

맞는 말이다. 하지만 그 이면에는 또 다른 대한민국의 얼굴이 있으니, 이 또한 아래와 같다.

- 노인층 빈곤율 세계 1위
- OECD 국가 중 자살률 세계 1위
- 고령화 속도 세계 1위
- 인구 감소에 따른 국가 소멸 가능성 세계 1위
- 저(低)출산율 세계 1위

즉, 대한민국의 현재 상태가 비정상적이란 말이다. 이는 소위 '압축적 고도성장'[28]의 이면에 존재하는 민낯이다. 대한민국이 앞에서는 국뽕을 즐기며 폭죽을 터트리고 있을 때, 뒤에서 바짝 따라붙고 있는 것은 무엇인가? 바로 어두운 수치 자료가 가리키는 미래다. 청년들은 마땅한 일자리가 없어 아르바이트족이 되었다. 치솟는 집값은 서민들에게 낙담을 안긴 지 오래다. 지난 수십 년, 대한민국의 밤을 밝히던 성장엔진은 시나브로 꺼져가고 있다. 대책이 없기 때문이다. 나랏빚이 1천조 원에 이르고 있으며, 여·야를 가리지 않는 복지 포퓰리즘[29] 경쟁은 아이들의 미래를 저당 잡아 빌린 돈을 밑 빠진 독에 쏟아 붓는다. 정치인들이 앞날을 무시한 채 활동하고 있는 것이다! 이런 우리에게 과연 미래는 있는가?

[28] 앞에서 살펴본 경부고속도로가 산업화의 긍정적 상징이었다면, 그 이면의 어두운 곳에 노동자들의 절규가 있었다. "노동법을 지켜라!"라는 절규로 유명한 전태일의 노동법은 노동자들의 기본권이지만 산업화 내내 부정되었고, 이는 지금도 중소 규모 사업장에서도 여전한 문제다. 명(明)과 암(暗)을 함께 껴안을 때 화해와 통합이 가능하다. 지금 우리는, 특히 당신은 어떠한가?

[29] 코로나19 상황에서 정부는 돈을 찍어 국민에게 '지원금'이라는 명목으로 주고 있다. 이에 대해서는 여·야 모두가 경쟁적이다. 지금 국내외의 전문가들이 "미증유의 경제 위기가 시중에 막대하게 풀린 돈 때문에 발생할 수 있다!"며 경고하고 있다. 그러니 당장 눈앞의 돈에 홀려 정치인에게 표를 팔아서는 안 된다. 그러나 2022년 대통령 선거에서 포퓰리스트 정치인에게 표를 던지지 않을 사람이 과연 얼마나 될까?

남남 갈등 해소와 사회 통합

이렇게 우리 사회가 두 쪽으로 나뉘어 갈라져본 적이 있던 가? 남북 문제를 말하는 것이 아니다. 자유민주주의를 표방하는 휴전선 이남의 이야기다! 물론 대한민국 분열의 씨앗은 문재인 정부가 던졌다. 서로 죽이고야 말겠다는 적개심[30]으로 한동안 광화문과 서초동이 불탔다. 이를 바라보는 국민의 마음도 시커멓게 타들어갔다.

사실, 사회 통합과 국민 통합은 역대 모든 대통령 후보의 공약 중 하나였다. 하지만 대통령 당선 이후에는 공염불이었다. 공약(公約)이 아니라 공약(空約)이었던 것이다. 어느 대통령도 집권 후에 이 공약을 제대로 실천한 경우가 없기 때문이다. 이

---

[30] 이에 대한 반작용으로 반대 진영에서도 적개심이 발생하고 있다. 가장 우려스러운 곳 중 하나가 교회다. 마치 종교전쟁이라도 하듯이 상대방을 '악(惡)'으로 규정한다. '사랑'은 온데간데없고 '십자군'만 보인다. 사실, 종교계야말로 가장 완벽한 진영논리가 움트는 곳이다. 천사와 악마, 천국과 지옥, 선과 악 등 이분법적 논리가 더 선명하고 분명해진다. 종교의 논리를 이 세상 저잣거리에 대입하면 어찌 될 것 같은가? 종교에는 합리성이 자리할 곳이 없다. 결국 '까라면 까'는 것이다. 그것이 신이 원하는 것이며, 종교적 양심이라고 소위 '종교인들'은 주장한다. 망국의 '진영논리'는 정치뿐만 아니라 교회에서도 양산되고 있는 것이다. 모두가 거기에서 이익을 취하기 때문이다.

에 대해서는 언제나 "코드가 맞아야 한다!" 같은 정치 논리가 앞장섰지만, 그 이면에는 국민들을 갈라치고 분열시키는 것이 선거판에서 요긴했더라는 판단이 있기 때문이다. 대한민국이라는 집의 대들보가 썩든 말든 그들에게는 알 바가 아니다. 선거에서 이기는 것이 능사요 최선인 것이다. 대한민국의 이익과 정파의 이익이 대립한다? 그렇다면 단 1초의 고민도 없이 정파의 이익을 우선한다.

삼성경제연구소의 보고서에 따르면, 우리나라는 사회적 갈등 때문에 한 명당 매년 900만 원을 쓴다고 한다. 국가 전체로 따지면 연간 최소 82조 원에서 최대 246조 원까지 낭비하고 있는 셈이다. 사회적 갈등지수도 OECD에서 상위권에 랭크되어 있다. 사회적 갈등이 심하면 당연히 국내총생산(GDP)도 하락한다. 국민경제가 더 어려워지고, 가계경제의 부담도 커지는 것이다. 실제로 코로나19 사태 발발 이전부터 경기가 오랫동안 침체 국면에 빠지면서 자영업자 비율이 높은 우리나라의 서민경제는 비명을 질러댔다. 그런데 정치권은 이를 해결하기는커녕 자신들의 잇속을 위해 갈등을 부추겨 국민들의 가슴에 대못을 박아왔다.

사회가 흉흉할수록 가짜뉴스[31]가 창궐하고, 음모론이 사회의 토대를 갉아먹는다. 이것은 공권력이 제구실을 하기는커녕 오히려 사회를 혼탁하게 할 때 나타나는 현상이다. 그리고 위정자들이 국민들을 돌보지 않고 제 잇속만 챙기면 이러한 악순환이 반복된다. 결국 국민들은 정부와 정치인들을 믿지 않게 되고, 사회는 사분오열되면서 나락으로 떨어진다.

가짜뉴스를 토대로 음모론[32]이 만들어진다. 더군다나 어떤 경우에도 음모론은 깨지지 않고서 재생산된다. 음모론에 빠진 사람들의 머릿속에는 '상식'과 '법치주의'가 들어설 자리가 없

---

[31] 대표적인 것이 '광우병 논란'이다. '천안함 음모론'도 있다. 이러한 가짜뉴스들은 미국을 '적(敵)'으로 규정하고 결론을 정하고서 이야기를 풀어나가기 때문에 거기에 논리를 꿰맞추면 된다. 가짜뉴스가 대중을 휘어잡으면 사회는 혼란에 빠진다. 가짜뉴스에 빠지면 이성이 작동하지 않기 때문이다. 정치와 종교가 제자리를 잡지 않으면 이 고통은 반복되어 우리의 발목을 잡을 것이다.

[32] 음모론(陰謀論, conspiracy theory)은 동서고금을 막론하고 사회가 있는 곳에서는 어디서든 발견된다. 흡혈귀 같은 존재라서 햇볕 아래에 나오면 타 죽기 때문에 어두운 길목에서 살아간다. 음모론이 커지는 사회에는 미래가 없다. 음모론이 쉬쉬거리며 사람의 정신과 사회를 좀먹기 때문이다. 정치가 바로 서고 민생이 안정되어야 음모론은 자취를 감춘다. 물론 사라지는 것이 아니다. 어디선가에서 숨죽이며 틈을 볼 따름이다. 보수 진영 내부에서, 특히 종교계 일부에서 '탄핵'과 관련한 음모론이 사라지지 않는 것에 주의를 기울일 필요가 있다. 음모론의 특징은 나름 논리적인 완결성을 갖추고 있다는 점과, 같은 믿음을 공유하는 사람들 간에 끈끈한 유대를 형성한다는 점이다. 자신의 믿음을 약하게 만드는 것에는 귀를 닫고 소통을 끊는다. 음모론이 매력적인 이유는 '현실'을 뒤집기 때문이다. 그러니까 힘들고 어려운 현실로부터 도망갈 수 있는 명분을 음모론이 부여해주기 때문이다.

다. 법마저도 음모론으로 해석하기 때문에 사회는 근저에서부터 붕괴될 수밖에 없다. 경제 활동에 전념해야 할 사람들이 '음모론'에 사로잡혀 불신과 분열을 퍼트리고 다닌다면 그 사회에 미래가 있겠는가? 혐오 발언도 여기에 뿌리를 내리고서 살아간다. 국민들에게 혐오 발언을 하지 말라고 세금 뿌려 홍보할 것이 아니다. 정치권과 정부가 정신을 차리면 된다.

최근 몇 년 동안 7대 종교와 대표적인 보수·진보 성향 시민사회단체 1천여 개가 모여 '평화·통일비전 사회적 대화 전국시민회의'를 조직했다. 사회적 대화를 체계적으로 실시하기 위해서였다. 다행히 꽤 성공적인 결과를 보여주고 있다. 역시나 아직 희망은 있는 것이다.

바닥에서 시작함으로써 희망을 만들어가야 한다

우리 사회의 구석구석 중에서 헝클어지지 않은 데가 없다. 망가지고 오작동하기 때문에 수리가 필요한 곳 태반이다. 기존의 국가 리더십으로는 해답을 찾을 수 없다고 본다. 원한을 갚기 위한 복수(復讎, revenge)의 정치 리더십은 나라를 망칠 뿐이다. 정치적 복수를 목표로 하는 권력에 대한 의지는 결국 악마와 손을 잡는 것으로 이어진다. 이로써 개개인의 원한을 풀

수 있을지는 몰라도, 결국 국민들에게 상처를 주고 지옥을 경험하게 할 것이다. 그러므로 원한을 푸는 정치는 답이 아니다. 갈라진 곳을 봉하고 아픈 곳을 위로하는 새로운 리더십을 국민은 원한다.

- 위로의 정치 리더십
- 치유의 정치 리더십
- 통합의 정치 리더십
- 희망의 정치 리더십
- 비전의 정치 리더십

이것이 시대정신이다.

이것이 최재형 신드롬을 불러일으킨 원인이자 장본인이다.

최재형 신드롬 분석

최재형 신드롬의 기저에는 무엇이 있을까?

최재형의 무엇이 사람들을 열광시키면서 하나로 모으고 있는가? 마치 자기 일인 것처럼, 그래서 자기 삶의 순위를 바꿔 가면서까지 '최재형'에게 몰입하도록 만들까? 지역은 물론이거니와 남녀노소 구분 없이 말이다.

필자는 자발적으로 조직된 최재형 펜덤을 본다. 그중 현재 왕성한 활동을 보여주는 모임이 충청도, 대구·경북, 서울에 근거지를 두고 있다. 이렇듯 특정 지역에 편중되어 있지 않을 뿐더러, 자발적으로 서로 소통하며 긍정적인 시너지를 만들어내고 있다. 앞으로 이 그물망은 새로운 자발적 그물망과 연결되어 대한민국을 뒤덮을 것이다.

노무현의 팬덤이던 노사모의 근간은 386세대였다. 직간접적으로 운동권의 영향을 받은 사람들이다. 하지만 '최재형 팬덤'은 다르다. 일반 국민들이 참여하고 있기 때문이다. 이들의 열정에는 '최재형에 대한 사랑과 존경'이 깊이 깔려 있다. 마치 프란치스코 성인이 부귀영화를 뿌리치고 탁발 수도회를 이끌면서 가난한 이들과 병자들을 찾아가 함께할 때, 그가 요청하지도 않았는데 일군의 사람들이 따라나선 것처럼 말이다.

이 팬들이 있는 그대로의 '최재형'을 바라보면서 자신의 생활 반경에서 조용히 팬덤을 형성하는 모양새는 순박하면서도 정겹다. 이들은 '최재형'이 감사원장직을 사퇴하기 이전부터 스스로 모여들어 자발적인 공동체를 꾸렸다. 이들은 그에게 거는 바람과 소망은 있지만, '최재형'에게 부담을 주는 것을 원치 않는다. 그 자체로 발광하는 '최재형'의 모습이 이들을 움직이고 있기 때문이다. 필자는 이들이 무엇을 바라거나 기대하며 '최재형'을 이용하려 하지 않는다는 점에서 새롭기도 하다. "아마 이것이 새로운 정치의 시작이 아닐까?" 하고 조심스럽게 생각해본다.

새로운 정치에 대한 국민적 갈구(渴求)

최재형 신드롬은 한 인간인 '최재형'에게 초점이 맞춰져 있다. 그러면서도 새로운 정치에 대한 대한민국 국민들의 갈증과 요구를 드러내는 상징이기도 하다. 갈등을 일으키는 정치, 구태를 반복하는 정치와는 더더욱 상관이 없다. 사람들은 '최재형'을 통해 새로운 정치의 그림자를 보았을 뿐이다. 그리고 "정치에서도 향기가 날 수 있겠구나!" 하는 희망을 품기에 이르렀다. "정치에서도 사랑을 느낄 수 있겠구나!" 하는 생각에 마음이 떨리는 것이다.[33] 여태껏 맛보지 못했으나 이제 맘껏 누릴 수 있을 것에 대한 기대로 흥분하고 있는 것이다.

필자는 이것이 정치를 안주 삼아 푸념하던 과거와는 이별하는 순간이라고 본다. 새로운 정치를 위해 "나도 나서겠다!"라고 당당하게 밝히는 생활정치의 선언인 것이다. '최재형'과 함

---

[33] 필자는 "정치와 사랑이 양립할 수 있냐?"고 묻곤 한다. 그런데 '긍휼(矜恤)'이라는 말이 있다. 영어로는 sympathy 혹은 mercy라고 한다. '동정, 연민, 공감, 자비'라는 뜻이다. 세종대왕이 1443년에 '훈민정음'을 발표했을 때에도 '긍휼'이라는 단어를 사용했다. 중국에서 들여온 한자가 어려워 배우지 못하는 백성들을 긍휼히 여겨 한글을 만들었다는 것이다. 백성에 대한 세종대왕의 사랑, 자비, 온정, 공감의 결과가 한글의 창제로 나타난 것이다. 이것이 '사랑의 정치'와 관련한 대표적인 사례다. 치적을 쌓고자 한 것이 아니라 국민을 사랑한 결과로서 행해진 정치인 것이다.

께하면 고난마저도 행복하게 이겨낼 수 있다는 의지의 표현이
아니겠는가! 어차피 희망은 누가 만들어주는 것이 아니라 우
리 스스로 만들어가는 것임을 확인하는 출발선이 아니겠는가!

새로운 정치를 부르는 목동의 나팔소리

최재형의 발걸음은 용광로처럼 뜨겁게, 때로는 모든 것을
온전히 내려놓고 순종의 모습으로 다가오는 발걸음이다. 전국
방방곡곡에서 울려 퍼지는 희망의 나팔소리가 들린다. 시대를
깨우고 국민을 깨우고 자신을 깨워 마중을 나가는 알람의 소
리다. 여호수아가 이끄는 이스라엘 사람들이 예리고 성을 함
락시키게 해준 믿음의 나팔소리다. 이 소리에 깬 사람은 누구
나 최재형과 함께하면서 새로운 시대를 희망차게 열어간다.
그들의 희망찬 발걸음소리가 들린다!

'최재형'이 살아온 모습 속에서 가슴 벅찬 감동과 희망을 느
낀 사람들이 스스로 시대를 여는 나팔이 되겠다고 선언하고
있다. '최재형'보다 앞서 나가면서 그와 함께 질곡의 현대사를
뚫고 새로운 정치의 새살이 되고자 스스로 자각을 하고 있는
것이다. 정치적 입장이나 생각의 차이를 떠나서 보더라도 그
야말로 커다란 에너지의 존재를 느끼지 않을 수 없다.

새로운 시대를 알리는 반짝이는 샛별

새벽이 가까워질수록 밤은 깊어진다. 그리고 우리에게 새벽이 온다는 걸 알려주는 징표 중 하나가 별이다. 해 뜨기 전 동쪽 하늘을 밝히면서 새벽이 옴을 알려주는 별이 바로 샛별이다. 어두운 밤을 지나 이제 새벽을 밝혀야 할 때마다 샛별이 나타난다! 최재형 신드롬은 곧 새로운 정치, 새로운 시대가 올 것임을 알리는 증거일지도 모른다. 한 사람 한 사람이 모여 자신의 불을 밝히듯이, 누가 하라고 지시하지도 않았는데 자발적으로 퍼져나가는 불기둥에서 대한민국의 새로운 길을 찾는다.

우리와 혈통이 같은 터키인들은 샛별을 '목동의 별'이라고 부른다. 이 별이 뜨면 양 떼를 몰고 나갔다가 돌아오기 때문이다. 양과 목동을 위해 뜨는 별, 대한민국 국민들에게 새로운 정치를 선사하기 위해 최재형 신드롬이라는 샛별이 우리 앞을 밝히고 있다. 필자는 그렇게 믿고 싶다.

2장
•
'최재형'
새로운 역사의 이정표

꽃향기보다 더 진하게 과거, 현재, 미래를 관통하며 우리 사회를 진동시키는 것이 사람의 향기다. 꽃은 자신의 주변을 향기로 물들인다. 벌과 나비도 부른다. 아름다운 사람의 향기는 더 멀리 간다. 사랑의 실천이 자아내는 뜨거운 향기는 시간과 공간을 초월한다. 동서고금을 막론하고 사람의 향기가 주는 감동과 동기 부여가 사회를 변화시켰다.

우리 국민들에게는 사실상 '좋은 정치' 혹은 '새로운 정치'에 대한 상(像)이 없다. 모범적인 전례(前例)가 없기 때문이다. 화장발을 한 꺼풀만 벗겨내면 바로 드러나는 정치인들의 추악하고 파렴치한 실체를 너무 많이 봤기 때문이다. 새로운 정치를 앞세우던 이들마저 기존의 정치인들과 다를 바가 없었다. '실망의 정치'가 대한민국 국민들을 좌절시켜온 것이다! 사실 '정치꾼'이 아무리 이미지 메이킹을 한들 본바닥에서 풍겨 나오는 냄새를 지울 수는 없는 노릇이다. 한 사람이 평생 살아오면서 만들어온 흔적들을 지우는 것은 사실상 불가능하기 때문이다. 그래서 그것은 그 사람의 역사요, 그 사람의 과거와 미래를 들여다볼 수 있는 증거다. 더군다나 요즘은 인터넷과 사회 관계망 서비스(SNS)가 발달하여 나 자신도 잊고 있던 과거가 고스란히 드러나기도 한다.

사람들이 '최재형'에 대해 신드롬까지 불러일으키며 열광하는 데에도 다 이유가 있다. 사실, 단언컨대 우리나라에는 이런 특정인에 대한 신드롬이 없었다. 아니, 앞으로도 한동안은 없을 것이라고 필자는 생각했다. 하지만 그가 나타났다! 대한민국 국민들의 간절함이 통한 것이다! 그래서 우리는 최재형 개인이 아니라 '최재형'이라는 상징적 존재에 주목한다. 한국 정치의 새로운 기준으로서의 그에게 말이다! 그는 자신을 바라보는 이들을 행복하게 해준다. 이는 일반 국민들에게만 해당되는 것이 아니다. 정치인들에게도 새로운 바람이 되어줄 것이다. 서로를 채찍질하고 자신을 개혁하는 동기(動機)가 되어줄 것이다.

최재형 신드롬은 좋은 정치, 새로운 정치에 대한 대한민국 국민들의 염원을 나타내고 있다. '최재형 팬덤'은 최재형이라는 현존하는 인물을 통해 대한민국의 미래를 위한 구체적인 가능성을 확인한다. 최재형이라는 한 개인에게만 대한민국의 미래를 맡길 것이 아니라 그와 함께하는 모두가 '최재형'이 되어야 한다는 믿음의 방증인 것이다. 이것은 앞으로 나타날 '감동의 정치', '신명의 정치'를 예고하는 전조(前兆, sign)이다. 한국 사회와 한국 정치를 밝힐 새로운 역사의 이정표가 우리 앞에서 길을 안내하고 있는 것이다.

희망은 사람이 만든다

　꽃향기보다 더 진하게 과거, 현재, 미래를 관통하며 우리 사회를 진동시키는 것이 사람의 향기다. 꽃은 자신의 주변을 향기로 물들인다. 벌과 나비도 부른다. 아름다운 사람의 향기는 더 멀리 간다. 사랑의 실천이 자아내는 뜨거운 향기는 시간과 공간을 초월한다. 동서고금을 막론하고 사람의 향기가 주는 감동과 동기 부여가 사회를 변화시켰다.

　꽃은 시들면 더 이상 향기를 뿜어내지 않지만, 사람은 그렇지 않다. 시대가 원할 때마다 이정표가 되어주고 위로의 손길도 되어줄 향기를 뿜어낸다. 비록 그는 이승에서의 삶을 마쳤더라도 그의 삶에서 뿜어져 나온 향기는 멈추지 않고 퍼져나간다. 꽃이 그러하듯 사람도 향기를 머금고 피우기 위해서는 자리를 잡고 싹을 틔울 흙(토양)이 필요하다. 곱고 기름진 땅이 있는가 하면, 자갈과 돌멩이로 뒤덮인 나쁜 땅도 있다. 그리고 가장 나쁜 땅이 바로 '정치판'이다. 물론 정치판은 인간 사회에서 가장 중요한 영역 중 하나이지만, 싹을 틔우기도 쉽지 않은 곳이기도 하다.

"한국 사회에서 가장 낙후된 곳이 정치판이다!"라는 말이 왜 나왔겠는가. 정치판은 사람이 향기를 머금고 피워낼 토양으로 적합하지 않기 때문이다. 정치판은 겉은 화려하나 속에 구정물이 가득한 곳이다. 온갖 사람들의 사사로운 욕망과 이전투구가 벌어지는 곳이다. 그래서 정상적인 사람은 잠시도 있을 수 없는 동네다. 하지만 한 사회가 용틀임을 하면서 더 크게 발전하려면 정치가 바로 서야만 한다. 이것은 변화의 조건이기도 하다. 그래서 기업이, 문화가, 개인이 아무리 성공적인 쾌거를 이뤄도 충분하지 않은 것이다. 즉, 정치가 변해야 사회가 변하고 나라가 변한다. 그래야 그 나라 국민들의 운명이 바뀐다.

정치가 우리 모두의 발목을 잡고 있다

낡은 정치가 대한민국의 희망을 도둑질하고 있다. 대한민국 국민들이 생활고에 시달리고, 처절한 삶의 벼랑 끝으로 내몰리는 이유는 대한민국의 정치가 바르지 못하기 때문이다. 대

한국 사회 갈등 지난 3년간 심해졌습니까?

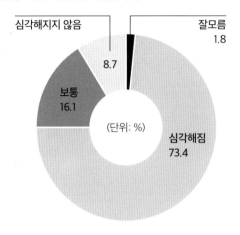

심각해지지 않음
8.7

잘모름
1.8

보통
16.1

(단위: %)

심각해짐
73.4

한국 사회 가장 심각한 갈등 분야는?

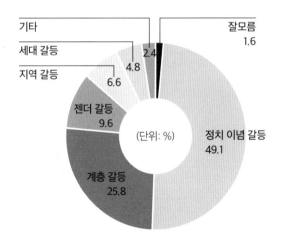

기타

세대 갈등

지역 갈등

잘모름
1.6

2.4

4.8

6.6

젠더 갈등
9.6

(단위: %)

정치 이념 갈등
49.1

계층 갈등
25.8

출전: 국민일보, 2020년 12월 10일 자.

<여론 조사> 분열과 갈등으로 국민을 인도하는 정치

한민국의 정치가 바르지 못한 이유는 대한민국 정치인들 때문이다. 철학의 빈곤, 허약하기만 한 애국심, 개인의 욕망을 앞세우는 이기심, 오직 권력만 바라보도록 만드는 허영심, 남들 위에 군림하려는 갑질근성 등이 대한민국의 정치적 토양을 망치고 있는 것이다. 아니, 이러한 것들 자체가 대한민국의 정치적 토양으로 자리를 잡고 있다.

지금 여의도 정가의 사람들은 "그래도 정치가 많이 좋아졌다", "비판들을 많이 하지만 가장 깨끗한 곳이 정치판이다!"라고 주장한다. 여러분은 이런 주장들에 동의하는가? 필자는 저들의 저렴한 합리화가 촌스럽기만 하다. 근본적인 잣대가 문제인데, 저들은 그걸 모른다. 혹은 모르는 척하든가…. 대한민국의 기업인들과 한류문화인들이 세계 1류가 되기 위해 밤잠을 쪼개가며 열심히 달릴 때, 대한민국 정치인들은 어디에 있었는가?! 대한민국 국민들이 IMF 사태 등 온갖 경제적 고통을 온전히 다 겪으면서 괴로워할 때, 대한민국 정치인들은 무엇을 하고 있었는가?!

김영란법 등으로 정치자금법 위반 사례가 현격히 줄었다고 말하는 이들도 있는데, 이 또한 일반인들의 어이를 날려버린다. 그것은 당연한 일이고 기본적인 것이기 때문이다. 즉, 대한민국 정치인들이 여태까지 기본도 지키지 않았다는 사실의 반증 아닌가! 역시나 대한민국 국민들이 정치(인)를 의심의 눈초리로 바라보면서 신뢰를 주지 않는 데에는 다 이유가 있었던 것이다. 정치는 나라의 표상이고 비전이어야 하는데, 대한민국의 정치는 함량 미달이기 때문이다.

　대한민국 정치인들은 대한민국에서 가장 깨끗한 척 온갖 너스레를 다 떨지만, 이권에 개입했다는 뉴스에도 그 이름이 자주 올라온다. 만약 정치인이 되지 못했더라면 그냥 무직(無職)에 날건달(乾達)인데, 누군가에게 잘보여 공천을 받아 금배지 하나 건져서 인생이 편 것이다. 물론 과거에는 날건달이었더라도 이왕 정치인의 길을 걷게 되었다면 선공후사(先公後私)의 길을 감으로써 자신을 희생하는 모범이라도 보여야 하지 않겠는가. 하지만 대한민국에서 그런 정치인을 보기란 쉽지 않다. 국민의 종복(從僕)이 되겠다고 허리를 굽히는 건 오직 선거 때뿐이다. 평상시에는 잠재적 세금도둑일 뿐이다. 그들은 600조원 안팎의 국가 재정을 눈앞에 두고서 국민들을 떠올리지 않는다. 오직 침 흘리며 그걸 자기 주머니에 넣을 기회만 엿볼 뿐이다. 생선가게 앞의 길고양이처럼 말이다.

맹자 어머님의 삼천지교(三遷之敎)에서
정치의 미래를 본다

 어린 맹자와 그의 어머니가 공동묘지 근처에서 살았을 때, 맹자는 상여를 메는 시늉을 하며 곡소리를 냈다. 보다 못한 맹자 어머니는 저잣거리의 시장터로 이사했다. 맹자는 역시 이 환경에도 잘 적응했다. 이번에는 장사치를 흉내내거나 장돌뱅이처럼 군 것이다. 마지막으로 맹자의 어머니는 서당 앞으로 집을 옮겼다. 글 읽는 걸 흉내내는 아들을 보며 어머니는 그제야 안심한다.

 정치판이 도둑들로 들끓으면 국민들도 어느덧 도둑으로 변해간다. 공정과 상식은 무너지고, 누가 더 파렴치한 도둑놈이 되느냐를 놓고 경쟁까지 하게 된다. 그런 상황에서는 도둑놈이 못 되면 멍청이 취급까지 당한다. 2020년 초에 문재인 대통령이 했던 "조국에게 빚졌다"[1]는 말은, "도둑놈에게 빚진 것

---

[1] 2020년 1월 14일, 문재인 대통령은 신년 기자회견에서 "재판 결과와 무관하게 조 전 장관이 지금까지 겪었던 어떤 고초, 그것만으로도 아주 큰 마음의 빚을 졌다고 생각한다"라고 말했다. 대통령을 국민들이 뽑았으니 국민들도 조국에게 빚진 것처럼 사고하고 행동하란 말인가? 오히려 대통령이 사람을 잘못 써서 우리 사회와 국민들에게 씻지 못할 상처와 고통을 남겼다고 자책해야 하는 게 정상 아닌가? 문재인 대통령의 이러한 발언은 수위 진보 진영의 한심한 의식 수준을 보여주고 있

이 있는가? 그렇다면 그가 도둑질을 해도 이해하고 넘어가야 한다!"는 말로 들렸다. 이 정권에 이바지한 모든 잠재적 도둑놈들에게는 복음으로 들렸을 것이다. "그래, 앞으로 내가 행할 도둑질과 파렴치한 행위가 문재인 대통령에 의해 미리 용서를 받았도다! 이 대한민국에 우리 도둑놈의 세상이 열렸노라!"

정치인들이 사리사욕을 앞세우는 욕망의 노예로 변하면, 국민들도 정의와 공정을 땅에 버린다. 결국, 그에 따른 모든 고통은 국민들이 떠안아야 한다. 청와대와 더불어민주당이 "조국은 죄 없다!", "조국을 구하라!"고 좌표를 찍자 어떻게 되었는가? 어중이떠중이 할 것 없이 죄다 서초동에 모였다. 바로 옆에서 남들이 외치니까 덩달아 "내가 조국이다!"라고 외쳤다. 심지어 소위 일부 지식인들과 배우, 방송인까지 서초동에 갔다. 지금 그들은 어디서 무얼 하고 있는가.[2]

다. 물론 진보 진영이 다 그런 것은 아니다. "박근혜에게는 죄가 없다!"고 외치기 위해 광화문에 운집했던 사람들과는 섞이지 않았던 소위 보수 진영 사람들이 있듯이, 서초동에서 열린 '조국 수호 촛불집회'에 가지 않는 진보 진영 사람들이 더 많았다.

[2] 한편에서는 그들도 피해자라고 본다. 그들은 공권력이 국민들을 엉뚱한 곳으로 인도하지는 않으리라는 믿음을 가지고 있기 때문이다. 하지만 대통령이 "이 길이 아닌가 보다"라고 하면서 하산을 명할 때마다 좌절하며 주저앉는 국민들의 마음을 그들은 생각해봤을까? 이런 점은 여·야 모두가 반성해야 하는 점이다. 박근혜 정부 당시 소위 '국정교과서'를 만들고자 혈안이 되었던 사람들도 마찬가지로 공분을 샀었다.

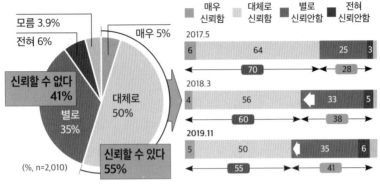

사람들을 신뢰할 수 있는가에 대한 인식

<여론 조사> 분열의 정치가 국민과 사회에 끼치는 영향

출전: 나의 경기도, 2019년 12월 27일 자.

2,500년 전에 공자는 정치가 무엇이냐는 질문을 받자, "군 군신신부부자자(君君臣臣父父子子)"[3]라고 답했다. 해석하면 "임금은 임금다워야 하고, 신하는 신하다워야 하며, 부모는 부 모다워야 하고, 자식은 자식다워야 한다"는 뜻이다. 이 말을 정리하자면 군신부자(君臣父子)가 이상적 정치의 상이라는 것 이다. 납득을 하기 어려운가? 그렇다면 순서를 보라. 임금이 임금답지 않으면 그 아래의 신하도 신하답지 못할 것이며, 백 성들도 이를 본받아 어른이든 아이든 모두 형편없어질 것이라

---

3 『논어(論語)』의 「안연(顔淵)」편에 나오는 내용이다. 공자의 나이 35세 때의 일이다. 공자가 제나라에 갔을 때, 제나라의 군주인 경공(景公)이 정치에 관해 묻자 공자는 위와 같이 답했다고 전한다.

는 지적이다.

공자의 말인 즉, 정치가 그만큼 중요하다는 뜻이다. 군신(君臣), 즉 정치가 바로 서지 않으면 백성(父子)도 이에 따라 바르게 살지 않는다는 경고다. 공자의 이 경고를 다음과 같이 응용할 수 있다. 인인(人人), 즉 사람이 사람다워야 한다. 공정과 상식이 무너져내린 오늘날의 대한민국에서 정치인은 우선 '사람'이 되어야 한다. 참고로 공자의 사상의 핵심은 '어질 인(仁)'으로 알려져 있다. '어질 인(仁)'은 '사람다움'을 뜻한다. 그러므로 인인(人人)은 곧 인인(仁人)이다.

맹자 어머니와 맹자의 세 번에 걸친 이사에 관한 이야기에는 숨겨진 내용이 하나 더 있다. 서당에서 가르치는 학문의 내용에 따라 맹자의 운명이 바뀌었다는 이야기다. 진리를 숭상하고 덕과 지혜를 가르치는 서당 앞으로 이사한 맹자는 우리가 아는 훌륭한 어른이 되었다. 하지만 잘못되고 부정적인 이념을 주장하고 탐욕을 부추기는 서당 앞으로 이사한 맹자는 우울증을 앓다가 사회를 좀먹는 악당이 되었다. 교육의 중요성과 그 내용을 강조하는 다중적인 에필로그다.

휴전선으로 인해 섬이나 다름없는 대한민국은 교육입국(教育立國)의 정신 하나로 여기까지 왔다. 그러니까 우리나라는 정치가 교육을 망치면 모든 것이 망하는 나라가 된 것이다. 그래서 대한민국 국민들이 새로운 정치에 거는 가장 큰 기대 중 하나가 '교육을 바로 세우는 것'이다. 우리 젊은이들이 바로 세워진 교육을 통해 밝고 도전적인 정신을 갖춘 사람으로 자라나게 해야 한다. 바로 그들이 우리 민족의 전통과 문화를 올바르게 전승하고, 미래를 주도할 수 있도록 사회 풍조를 조성해야 한다.

이념적 갈등의 주 원인은?

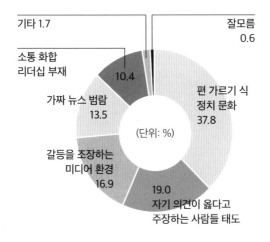

기타 1.7
잘모름 0.6
소통 화합 리더십 부재 10.4
편 가르기 식 정치 문화 37.8
가짜 뉴스 범람 13.5
(단위: %)
갈등을 조장하는 미디어 환경 16.9
19.0 자기 의견이 옳다고 주장하는 사람들 태도

출전: 국민일보, 2020년 12월 10일 자.

<여론 조사> 남남 갈등이 증폭된 원인은 무엇인가?

마지막으로 맹자의 어머니와 맹자의 스토리가 가지고 있는 상징적 의미를 다음과 같이 해석해볼 수 있다. '어머니'는 '국

민'이며, '아들'은 '대한민국의 미래'다. 즉, 대한민국의 미래는 어머니인 국민의 선택에 좌우된다. 낡은 정치에 현혹되어 나쁜 선택을 한다면 나쁜 결과를 맺는 것은 당연지사다. 새로운 정치를 선택하면 우리의 미래는 희망찬 비전으로 가득할 것이다.

마지막으로, 동네에 서당이 없었다면 맹자는 훌륭한 인물이 될 수 없었을 것이다. 이와 마찬가지로 우리 대한민국 국민들이 선택할 수 있는 정치(인)가 제한되어 도저히 국민들을 충족시켜주지 못한다면 새로운 정치가 들어설 여지도 없는 것이다. 하지만 드라마 같은 역사는 때를 기다렸다는 듯이 어김없이 우리에게 희망을 준다. 필자는 최재형 신드롬에서 그것을 찾았다.

사람을 찾고 키워야 한다

최재형 신드롬의 저변에는 사람에 대한 갈구가 있다. 최근 '이준석 효과'의 파장이 큰 것을 보라. 이준석은 선출직 선거에서 번번이 떨어졌지만 2021년 6월 제1 야당인 국민의힘의 대표가 되었다. 그의 대변인도 그와 마찬가지로 30대다. 이 사례가 '무조건 젊은이가 희망'이라는 결론으로 귀결될 수는 없다. 그러나 기성 정치(인)에 대한 대한민국 국민들의 환멸, 기대를 저버린 노회한 정치문화에 대한 대한민국 국민들의 마음을 대변하는 것으로 해석해도 무방하지 않을까?

한때 여·야 모두 청년들을 기용해 무대 앞에 앉혀댔다. 무슨 보좌관, 무슨 대변인 등 새로운 자리를 만들어 청년들을 앉히기도 했다. 심지어 경쟁적이기까지 했다. 하지만 거기에서 끝났다. 이 청년들은 그저 당을 위한 메이크업용이었기 때문에 철저히 버려졌다. 이 청년들이 받았던 금배지에 대한 약속을 여·야 모두 지키지 않았다. 여·야 정치인들은 이 청년들을 속인 것이다! 기성 정치인들이 눈앞의 이익을 위해 청년들을 속였고, 청년들은 자기 내부에 있는 금배지에 대한 욕망에도 속은 것이다! 이 청년들은 너무나 순진하고 세상 경험이 부족했기에 정치는 그렇게 간단하지 않다는 것을 몰랐던 것이다!

대한민국의 근·현대사가 오늘날의 정치를 낳았다. 그 정치가 정치문화를 낳고, 정치인을 배출하고 있다. 대한민국 정치판에 '인물'이 없는 이유는 황폐한 정치적 '토양' 때문이다. 이 토양은 세월이 흐를수록 체르노빌이나 후쿠시마의 토양처럼 오염되었다. 자정(自淨) 능력은 처음부터 없었다. 그래서 공부를 많이 했던 사람도 정계에 진출하면 더 이상 공부를 하지 않는다. 바쁘다는 핑계를 대면서 말이다. 국민들의 눈에는 저렴하고 없어 보일 뿐이다.

공직(公職)이란 공부하는 자리다. 바다 한가운데에서 거꾸로 뒤집힌 여객선 안과도 같은 변화무쌍한 세상에서 국민들을 이끌어야 하는 자리이기 때문이다. 이것은 정치의 과정 전체를 관통하는 원칙이기도 하다. 예비 정치인, 이제 막 정치판에 입문한 정치인, 심지어 정치계의 원로까지…, '정치'를 업으로 삼겠다는 각오를 한 사람들이 가져야 할 필수적인 자세다. 이것은 당의 주인인 당원들에게도 적용되어야 한다.

한편, '교육'과 '훈련'은 개인에게 전적으로 맡긴다고 해서 될 일은 아니다. 이것은 정치권을 대표하는 정당과 사회가 책임져야 한다. 현재 여·야가 운영하는 소위 '정치학교'는 수박 겉핥기식으로 가르친다. 그래서 진지한 고민도 없고, 지속성도 떨어진다. 우주와 그 원리인 철학에 대한 고뇌도 없다. 단지 평범한 학원의 족집게 강사마냥 다음 선거에서 이기기 위한 좀스러운 이해관계와 목표만 가르칠 뿐이다.

대한민국 국민들의 희망이 절망으로 바뀌어가는 이유는 대한민국 정치권 내에 '공부하는 지성(智性)'이 없거나, 있다고 해도 그의 존재감이 느껴지지 않기 때문이다. 또 다른 의미로 '겸손하게 기도하는 정치인'이 없기 때문이다. 공부(工夫)는 기도(祈禱)의 다른 말이다. 자신을 수양하는 것, 자신을 한없이 낮추는 것이 공부요 기도다. 진정한 공부는 지식을 쌓아두는 것이 아니다. 그리고 정치야말로 자신을 끊임없이 닦음으로써 사회의 모범이 되기 위해 나아가는 행위다. 그런데 현재 우리 정치는 이러한 궤도에서 너무 벗어났다. 달을 향해 쏘아 올린 로켓이 지구의 어딘가를 향해 날아가고 있는 꼴이다.

사람에 대한 갈증이 '최재형'을 만나 최재형 신드롬을 만들어냈다. 마치 긴 가뭄 때문에 갈라진 땅에서 용천수(湧泉水, spring water)가 터진 것처럼 말이다. 우리는 여기서 '사람[4]이 곧 희망'이라는 문구를 다시 건진다. 반면, 상황에 따라서 이것은 '사람[5]이 곧 재앙(災殃)'이라는 말과도 같다. 그러니까 "어떤

---

[4] 여기서 '사람'은 하늘과 땅을 잇는 사람이다. 동양에서는, 특히 우리나라에서는 정치가들은 언제나 하늘인 국민들의 마음을 읽으려고 노력했으며, 자신을 믿지 않았다. 하늘의 뜻을 좇아 국민들의 마음을 얻고자 최선을 다했다. 소위 '교만한 이성(理性)'에 눈이 멀어 자신 그리고 자신을 추종하는 집단의 판단과 진영논리에 함몰되지 않고자 노력했다. 만약 그렇게 되면 '이성중심주의'에 경도되어 길을 잃을 것이기 때문이다. 같은 단어인 '사람'도 보는 각도에 따라 이렇게 다르다.

[5] 북한의 주체사상을 어떤 자들은 '사람 중심 사상'이라고 부른다. '주체철학'이라고도 한다. 그런데 사람 중심 사상은 유럽에서 르네상스를 거치면서 나타났다. 중세 시대까지의 신 본위 철학이 인간 본위 철학으로 변화되면서 나타난 것이다. 그리고 19세기 후반에 이를 기반으로 급진적으로 나아간 것이 마르크스-레닌주의다. 이것의 변형이 마오쩌둥주의이고, 여기서 더 나아가 사실상 김일성 집안을 신격화한 것이 주체사상이다. 주체사상은 마오쩌둥주의에 '수령의 무오류성(수령론)'을 삽입한 것이다. 즉, 철학이 아니라 사이비 종교의 교리인 것이다. 그래서 필자는 지금도 386 운동권에게 묻고 싶다. 그들은 '사람'에 대해 이야기

사람인가?"가 중요한 것이다. 모든 사람의 안에는 희망과 절망이 공존한다. 그리고 필자는 '최재형'을 통해서 희망을 꺼낼 수 있다는 확신이 새로운 정치를 위한 최재형 신드롬으로 우리를 인도하고 있다고 본다.

희망은 그것을 구하는 자의 것이다

정치인의 팬이 되고 팬덤을 이루는 것은 누가 하라고 해서 할 수 있는 일이 아니다. 심지어 그동안 관심 밖이었던 국민의힘에 입당까지 하면서 '최재형'의 꿈을 키우는 최재형의 팬덤이 새로운 정치를 만들자면서 결기를 하는 것을 보라! 이는 대한민국에서는 처음 있는 일이다. 대한민국은 이러한 에너지를 긍정적으로 살려나가야 한다. 이제부터라도 대한민국 국민들 스스로 깨닫고 나서려 하기 때문이다.

최재형과 '최재형'은 다른 존재다. 최재형은 한 명의 사람이지만, '최재형'은 하나의 상징(symbol)이다. 둘은 양자역학(quantum physics)의 원리에 의해 중첩하고 간섭하면서 시너지를 낸다. 이로써 드러난 '무언가'가 시간과 공간을 초월하

할 때, 어떤 사람에 대해 말하는 것이냐고 말이다.

여 무수히 많은 곳에 '최재형'을 만들어내고 있는 것이다. 결국 '최재형'은 최재형을 통해서 본 대한민국 국민들의 열망이요 희망이다! '최재형'은 최재형을 통해서 그 희망을 현실화시키려는 대한민국 국민들의 에너지인 것이다! 그래서 최재형과 '최재형'이 온전히 하나가 될 때, 대한민국 국민들의 손에도 희망이 잡힐 것이다! 확신한다! 이건 믿음이다!

물론 대한민국 국민이라면 누구나 '최재형'이 될 수 있다. 아니, 새로운 정치를 갈구하는 대한민국 국민들 모두가 '최재형'이 되어야 한다. 이로써 새로운 세상을 여는 빛이 어두운 시대 한가운데를 비추기 시작한 것이다.

'최재형', 대한민국의 새로운 리더십

퍼즐의 잃어버렸던 조각을 찾은 적이 있는가? 실제로 그 조각은 퍼즐 게임의 조각일 수도 있고, 기억을 연결하는 고리일 수도 있으며, 관계 개선을 위한 단서일 수도 있고, 비전을 세우는 데 필요한 개념일 수도 있다. 세상을 의미로 본다는 것은 곧 커다란 퍼즐을 맞추어가는 것과 같다. 삶이란 그렇게 이해하는 것이기도 하다. 예를 들어, 우리의 삶에서 시간이 제한되어 있다는 사실은 퍼즐을 맞추는 시간이 한정되어 있는 것에 비유할 수 있다. 시간에 비례해 또렷해지는 의미는 엔트로피 법칙[6]을 무시한다. 따라서 그것은 소비가 아니라 창조다. 세상

---

[6] Entropy 法則: 모든 물질과 에너지는 오직 한 방향으로만 바뀌며, 질서화한 것에서 무질서화한 것으로 변화한다는 열역학 제2 법칙. 이는 곧 우주 전체의 에너지의 양은 일정한 반면, 시간이 지날수록 사용 가능한 에너지의 양은 점차 줄어드는 지구의 물리적 한계를 의미한다. (네이버 국어사전 인용)

을 새로운 의미로, 새로운 비전으로 창조해나가는 것을 의미
한다!

　나이가 들면서 지혜로워지면 그에 비례해서 더욱 겸손해진
다. 비우는 것이 무엇인지를 깨우치기 때문이다. 또한 자신을
비울수록 삶의 의미가 더욱 또렷해진다는 것을 알게 되기 때
문이다. 모든 종교, 그리고 온 세상의 지혜는 비울수록 채워진
다. 그리고 더 비울수록 더 깊이 그리고·멀리 내다볼 수 있다
고 가르친다. 물론 '세상을 있는 그대로 보는 눈', 즉 '지혜의
눈'은 쉽게 가질 수 있는 것이 아니다. 지혜의 눈은 활자를 통
해 얻을 수 있는 것도 아니다. 어떤 삶을 살아왔느냐에 따라
다양하게 주어지는 것이다. 시행착오를 거치면서 성찰이 깊어
지고, 그러면서 겸손과 사랑이 무엇인지 깨닫는 과정에서 선
물로 주어지는 것이다. 우리는 이를 통해 감동하고 기쁨을 누
린다. 최재형 신드롬은 바로 이러한 시점에서 싹이 튼다.

　'청년'의 패기와 도전은 매력적이다. 하지만 노인의 '명정
(明靜)한 지혜(a clear wisdom)'는 세월과 함께한다. 우리가 노인
을 홀대해서는 안 되는 이유가 여기에 있다. 갈등과 위기를 극
복한 경험이 있는 공동체들과 나라들에서는 청년의 패기와 노
인의 지혜가 대립하지 않는다. 노년, 장년, 청년이 하나가 되어
움직인다. 누구 하나 배척하지 않고 서로 협력하면서 문제를

해결한다.

지금 대한민국 정치판에서는 구태(舊態)한 사람들 때문에 나이 많은 것이 죄인 것처럼 노인들이 구박을 당하고 있지만, 그것은 옳은 일이 아니다. 물론 예전에는 나이가 벼슬인 것처럼 젊은이들을 구박하고 무시하던 노인들이 있었다. 그것도 잘못된 일이다. 이제 제자리를 찾아야 한다. 새로운 정치는 그릇에 따라 그리고 능력에 따라 힘을 모으고 문제를 타개해나가는 것이어야 한다. '최재형'의 리더십에서 우리는 그것을 보고 싶다.

나라의 역사와 미래를 바로잡는 '최재형 리더십'

최근 동북공정(東北工程)[7]에 혈안이 되어 있는 중국에서 의

---

[7] '동북변강역사여현상계열연구공정(東北邊疆歷史與現狀系列研究工程)'의 줄임말이다. 2002년부터 중국이 국가적으로 추진하는 역사·문화 정책을 일컫는다. 동아시아 전체에서 패권적 지위를 확보하고자 중국 중심의 중화주의를 내건 역사 왜곡이라는 비판을 받고 있다. 심지어 한국사도 중화권의 역사였다는 궤변을 늘어놓고 있다. 이러한 역사 왜곡은 제국주의적 영토전쟁의 도화선으로 작용할 가능성이 크기 때문에 학계뿐만 아니라 정치권에서도 주의를 기울이고 있다. 한편, 동북공정은 중국의 대외 정책인 일대일로(一帶一路)와도 연결되어 있다. 일대일로는 중국이 역사·문화뿐만 아니라 경제적 영향력을 이용하여 다른 나라의 주

미 있는 소식이 전해지고 있다. 물론 이는 중국에 좋지 않은 뉴스다. 신화로 취급받던 고조선에 관한 이야기이기 때문이다.

지난 수십 년간 중국 랴오허(遼河) 지역[8]에서 고고학 교과서를 다시 쓸 정도의 새로운 유적의 탐사와 발굴이 진행되었다. 발굴 초기부터 중국 고대의 황허(黃河) 문명보다 시기상으로 더 빠른 문명, 기존의 4대 문명에 추가해야 할 또 하나의 인류 문명 중 하나라는 실로 놀라운 평가가 학계에서 나왔다.[9] 학계는 여기에 '랴오허(遼河) 문명'이라는 이름을 붙였다. 이 문명의 성격이 중국보다 한국의 전통과 역사에 가깝다는 사실에 전 세계가 놀라고 있다. 그러니까 중국이 주장하는 것과 달리

권을 실질적으로 장악하는 '현대판 실크로드'로 불리며, 동북공정과 함께 '중국몽(中國夢)'이라 불리는 '중국의 세계 패권 확보 달성'을 위해 중국이 추진하는 대표적인 전략인 것이다.

[8] 서해에서 위로 올라가면 중국의 랴오허(遼河) 강을 사이에 두고 랴오둥(遼東) 지역과 랴오시(遼西) 지역이 마주 보고 있다. 이 전체 지역을 '랴오허 지역'이라고 부른다.

[9] 1980년대부터 발굴되기 시작한 랴오허 지역 유적지는 최초 발굴 당시 황허 문명보다 1천 년 이상 앞선 것으로 확인되면서 중국을 뜨겁게 달궜다. 하지만 발굴된 유물들은 중화권의 것과는 다른 '이질적인 것'이었다. 빗살무늬 토기 등 우리 민족의 유물과 같았으며, 발굴이 거듭될수록 그와 같은 판단에 힘이 실렸다. 2009년 방영된 〈KBS 역사스페셜〉의 '최고(最古) 요하 문명, 한민족 시원인가?'는 우리에게 새로운 질문을 던지고 있다. 유튜브 주소는 다음과 같다. https://youtu.be/zwxhFb4Z_fs

랴오허 지역에서 발원한 최고(最古)의 문명이 동북아시아 지역 전체에 영향을 주었으며, 그 문명의 주된 흐름이 한반도에 자리를 잡았다고 학자들은 보는 것이다.

역사는 민족의 뿌리다. 민족의 뿌리를 찾는 이유는 민족의 비전을 세우기 위해서이다. 그 뿌리 위로 줄기가 자라나고 잎사귀가 나며 열매를 맺는다. 한국인으로서의 정체성을 찾는 것, 역사적 의미에서 자신이 누구인지를 알아차리는 것, 잃어버렸던 소명의식을 비로소 찾아내어 세계 속의 한국인으로 거듭나는 것은 역사를 바로잡는 일로, 새로운 역사를 밝히는 일로 이루어진다. 그러니 외국의 눈치를 보면서 주저하지 말자. 지금은 어쩔 수 없이 '랴오허 문명'으로 알려져 있는 고조선 문명에서 발원한 한민족의 역사적 뿌리를 찾고, 동시에 한반도의 평화와 통일, 그리고 세계라는 무대 위에서 펼쳐질 문명사적 대변혁의 미래를 개척해나가자!

한편, 뒤틀린 근·현대사를 다시 맞춰야 한다. 좌·우로 나뉘어 풍비박산이 난 우리의 자화상을 재조명하고 바르게 해석함으로써 이를 적절한 이름으로 다시 불러야 한다. 이야기를 재구성하는 것이다. 이는 새로운 화해와 통합을 일으킬 것이니, 곧 우리의 마음에도 처져 있는 휴전선의 철조망을 없애는 작업이기도 하다. 그곳에 새로운 비전과 희망이 자리를 잡아야 한다. 이는 대한민국의 미래를 위한 새로운 정치 리더십의 가장 중요한 과제 중 하나라고 필자는 생각한다.

같은 대한민국 사람들인데도 서로 대립하는 이들의 적대적인 이야기가 우리를 망국의 지름길로 인도하고 있다. 이미 철이 지나 더 이상 세상을 해석할 수조차 없는 시각이 우리의 눈을 가리더니 숫제 멀게 하고 있다. 이념을 앞세워 혈육에게 총을 겨누게 했던 비합리와 비인간성은 원래 대한민국 사람들의 것이 아니었다. 작은 아픔과 고통도 서로 나누며 보듬던 유전자가 우리 대한민국 사람들의 안에는 있다. 우리는 6·25 전쟁통에도 부모 잃은 아이에게 젖을 물렸을 정도로 생명을 소중히 여겨온 사람들이 아니었던가!

대한민국은 동·서 냉전의 갈등에 따른 깊숙한 상처를 누구보다도 오래 간직하고 있는 나라다. 예수님의 머리에 강제로 씌워진 가시면류관이 예수님의 이마를 파고들어 피를 내었듯, 휴전선의 가시철조망은 한반도의 허리를 파고들어 피를 내고 있다. '21세기인 현재 세계 유일의 분단국가'라는 타이틀이 주는 아픔은, 곧 휴전선이라는 십자가를 진 한반도의 아픔이다.

희망은 오히려 모순이 응축되고 갈등이 집약된 곳에서 움튼다. 모든 문제가 제물(祭物)을 태우는 화염에 빨려들어가 재가 되듯, 한반도에서 세계적인 희망과 비전이 움트고 자랄 것이라고 전 세계의 수많은 지혜로운 석학들과 깨달은 이들이 말했다. 새벽이 올 때가 되면 어둠이 깊어진다. 지금 이 순간 우리는 절망의 한가운데 있는 것 같고, 좌절의 깊이도 무저갱(無低坑, Abyss)처럼 깊은 듯하다. 하지만 희망은 이런 환경에서 자라난다. 그 이유는 우리의 기도와 염원이 우리의 고통에 비례해서 하늘에 닿기 때문이다.

많은 이들이 좌절하더라도, 한편 또 다른 이들이 그 고통과 갈등에 뿌리를 내려 새로운 아픔을 생산하더라도, 누군가가 희망을 잃지 않고 꿈을 꾼다면 그곳에서 새로운 무언가가 싹을 틔운다고 필자는 믿는다. 아니, 그러해야만 한다! 최재형 신드롬이 최재형 리더십으로 거듭나야 하는 이유다. 최재형 리더십은 새로운 정치에 대한 대한민국 국민들의 열망을 온전히 이해하고 받아들여 새로운 미래를 만드는 초석으로 작용해야 한다.

최재형과 '최재형'이 하나가 될 수 있도록 최재형 신드롬은 최재형 리더십으로 거듭날 것이다. 대한민국 국민들의 손에 잡힐 희망으로 자라날 것이다! 이러한 꿈이 단지 꿈으로 끝나지 않기 위해서는 '인간적 노력'이 필요하다. '모사재인(謀事在人)이요, 성사재천(成事在天)'[10]이라는 말이 있다. 일을 꾸미고

행하는 것은 인간일지라도, 그 일이 되게 만드는 존재는 하늘이라는 말이다. 자신의 소명을 깨닫고 품은 이들에게 이것은 다른 의미로 다가온다.

일단 이 말 앞뒤의 인(人)과 천(天)이 자리를 바꾼다. '모사재천(謀事在天)이요, 성사재인(成事在人)'이 되는 것이다. 즉, 하늘이 일을 꾸미고, 사람을 통해 실현한다는 의미다. 여기서 인간은 도구다. 하지만 "내가 ○○을 하고 있다!", "나만이 ○○을 할 수 있다!" 같은 교만함을 품기 시작하면 그가 하는 일은 부정을 타서 그르칠 것이다. 하늘은 그리고 대한민국 국민들은 이미 마음을 정했다. 하지만 대한민국 국민들은 정치인들에게 자신의 표를 거저 주지는 않는다. 그러니 2021년 4월의 재·보궐선거에서 야당이 잘했기에 그런 결과가 나왔다면서 우쭐해지면 안 된다. 오만이 싹트면 기회는 또 다시 멀리 달아날 것이다.

---

10 『삼국지(三國志)』에 나오는 말이다. 촉한의 제갈량(諸葛亮, 181~234)은 위나라의 정치가이자 군사전략가인 사마의(司馬懿, 179~251)를 제거하기 위해 폭약을 설치하고 그의 군대를 유인했다. 하지만 폭우가 쏟아져 계획대로 되지 않자 제갈량은 한숨을 쉬며 이렇게 말했다. "아무리 기획이 좋아도 그 결과는 하늘에 달려 있구나."

대한민국 국민의 아픔을 닦아주고,
공동체의 가치를 바로 세울 최재형 리더십

간혹 이렇게 말하는 분들을 본다. "박정희가 또 나와야 해!", "대한민국은 독재자가 필요해! 그래야 이 나라가 제대로 서!" 라는 분들을 말이다. 그 말의 의미는 알겠지만, 과연 맞는 말인가? 그렇지 않다. 아니, 그래서는 안 된다! 이런 분들은 세상이 어떻게 바뀌었는지를 모르고서 그런 소리를 하는 것이다. 이미 대한민국에서는 기업도, 사회도, 개인도 변했다. 인터넷 덕분에 대한민국 밖의 세상과도 하나가 된 지 오래다. 그러니 과거를 지향한다면 현재 대한민국의 문제를 해결할 수 없다. 박정희 정권식 독재가 1960~1970년대에는 적합했는지 몰라도 오늘날에는 해답이 될 수 없다. 과거로부터 지혜를 구하는 것은 좋지만, 과거를 고스란히 답습하는 것은 옳지 않다.

소위 '개발독재'가 박정희 정권 시절에는 주효했다. 그 당시 대한민국 국민들이 과감하고 결단력 있는 지도자를 원했기 때문이다. 예언자 사무엘에게 왕을 내려달라고 요청하던 이스라엘 백성들처럼 말이다. 반면, 그로 인해 '자유민주주의 국가'인 대한민국에서는 오히려 민주주의가 성장하지 못했으며, 심지어 민주주의가 상처를 입기까지 했다. 그래서 오늘날에는 박정희 리더십이 통하지 않는다. 각 분야에서 세계 1위를 달리는 개인과 기업이 성장하고 있는 대한민국은, 선진국으로 발돋움하면서 새로운 역사를 써가고 있는 대한민국은, 중국인이나 일본인을 제외한 거의 모든 외국인들이 이름도 위치도 몰랐던 아시아의 가난하고 작은 나라와는 전혀 다르다.

그렇다면 오늘의 대한민국은 어떤 지도자를 원하는가? 대한민국 국민들은 어떤 리더십을 기다리고 있는가? 박정희 시대의 압축적 고도성장의 이면에 자리하는 고질적 폐해를 해결하고, 사회 전반에 새로운 에너지를 불어 넣을 리더십은 과연 어떠해야 하는가? 결론부터 말하자면, "이제 기본으로 돌아갈 때가 되었다!"고 할 수 있겠다.

급하게 달려오느라 챙기지 못한 것들을 추스르며, 대한민국의 모든 국민들이 자신의 자리로 돌아가야 할 때인 것이다. 그 자리에서 서로를 위로하고 격려하며 온 힘을 다해 새로운 세상을 만들어가야 한다! 그야말로 자유민주주의가 비로소 발화하고, 인권이 살아 숨 쉬며, 공동체의 비전이 분명하게 그려지는 나라인 대한민국을 만들어야 한다! 그리고 대한민국이 그런 나라가 되도록 인도해줄 리더십이 필요하다!

흔히들 '대한민국' 하면 무엇이 떠오르냐는 질문을 받았을 때 이렇게 답한다. '자유민주주의', '시장경제', '법치주의' 등이라고 말이다. 여기에 하나를 더 추가하면 '(과제로서의) 한반도의 평화적 통일'이다. 이 모두가 헌법적 가치를 가지고 있다. 그리고 앞의 세 가지에 대해서는 '지킨다'라는 표현을 쓴다. 그런데 필자는 궁금한 점이 있다. 도대체 무엇을 지킨다는 것인가?

불과 70년 전, 한국이 국제사회에 등장했을 때 세계 어느 곳에서도 한국이 성공적인 나라로 성장해나갈지를 확신하지 못했다. 아니, 거의 모두 한국의 미래에 대해 부정적이었다. 심지어 온갖 부침을 겪게 될 운명, 가혹하고 힘든 운명이 기다리고 있다고 봤다. 특히 공산권과 국경을 접하고 있던 나라들은 모두 발전에 제약을 당하고 있었기 때문에 한국 또한 위태로운 환경에 처해 있다고 보는 것이 일반적이었다.

더군다나 서구는 수백 년에 걸친 민주주의의 경험과 내실화를 통해 근대국가로서의 기반을 조성했지만, 한국은 봉건적인 왕조 시대에 있다가 일제의 식민지가 되었고, 이후 미국 등의 개입으로 해방되었으며, 그 영향력 아래에서 독립국가가 되었기에 많은 시행착오를 경험해야 했다. 또한 국토가 반쪽으로 쪼개진 채 각각 남한과 북한이 되어 대립했고, 그래서 민족의 비극이기도 한 6·25 전쟁과 같은 이념적 갈등·충돌은 38선(전쟁 이후 휴전선)을 사이에 두고 언제든 또 폭발할 가능성이 있었다. 농토는 적은데 사람은 많고, 돈도 없어 식량을 사올 수도 없으니 보릿고개를 겪기 일쑤였다.

대한민국은 5·18과 12·12라는 두 번의 쿠데타로 군부정권이 들어서는 경험마저 했다. 거의 모든 대통령이 임기를 못채우거나 구속되거나 가족들 때문에 속을 썩기까지 했다. 정치인들과 재벌들이 악어와 악어새처럼 공생관계를 펴는 바람에 애꿎은 서민들(노동자들과 농민들과 소규모 사업자들과 자영업자들 등)만 피해를 입었다. 1987년 6월의 항쟁 이후에야 국민들이 제대로 대통령을 뽑을 수 있게 되었다. 깨끗한 공명선거를 위한 민·관의 오랜 노력 끝에 선거공영제가 들어섰다. IMF의 지원을 받아 경제 위기도 넘겼다. 소수의 양심과 열정이 있는 정치인들과 기업인들의 노력 덕분에 경제 성장을 거듭하면서 돈도 많이 벌고 국격도 높이는 등 나름 대단한 성취를 이뤘다.

하지만 대한민국은 여전히 '지구상 최후의 분단국가'로 남아 있다. 북한은 가공할 핵무기를 만들었고, 그 덕분에 대한민국 사람들은 북한과 언제든 공멸할 수 있다는 위기 속에서 생활한다. 외국인들은 대한민국을 불안과 위기의 수위가 가장 높은 곳 중 하나로 꼽는다. 더군다나 지금 대한민국의 자유민주주의는 위기에 처해 있다.

자유민주주의는 정치적 자유와 제도로서의 민주주의가 결합된 국가 체제다. 정치적 자유는 국민 모두에게 기본권을 보장해주는 것이다. 기본권은 인간이면 태어났을 때부터 당연히 누려야 할 권리다. 민주주의는 이러한 기본권을 보장하고 또 보호하기 위한 사회 운영 질서다. 즉, 사회 구성원들이 합의한 규칙이다.

예를 들어, 상법(商法)에서는 기본권의 실현이 시장경제[11]로 나타난다. 의식주 문제를 해결하는 경제 활동을 가장 중요하게 여기기에 시장경제를 강조하는 것이다. 이 외에도 기본권을 실현하는 데 필요한 다양한 법들이 존재한다. 사실, 여러 사람들이 모여 살면 뜻하지 않게 부딪히고 또 갈등하기 마련이다. 그래서 이러한 사회적 갈등을 해결하고 공동체를 보호하기 위해 규칙이 필요하고, 결국 법이 만들어진다. 여기에서 법치주의가 나온다. 모든 국민들이 다 함께 정한 헌법과 법률에 따라 이해관계를 조정하고 질서를 잡아가자는 사상이다. 법치주의는 실천을 통해 익히고 훈련을 통해 이해하는 과정이 절

---

[11] 사회주의 국가의 헌법은 기업의 국유화를 명시하는 등 시장경제와는 반대되는 계획경제를 표방한다. 사회공산주의자들은 '인간의 이기심에 바탕을 둔 시장경제'가 인간의 기본권을 훼손한다고 봤기 때문이다. 하지만 역사적 경험은 그 반대였다. 계획경제하에서 사회주의 국가들은 기본권 중 필수적 사항인 생존권마저 보호할 수 없었다. 그래서 북한도 장마당 등 시장경제의 요소를 받아들이고 있다.

대적으로 필요하다.

자유민주주의니, 시장경제니, 법치주의니 등은 말로만 외친다고 이루어지지 않는다. 온 국민들이 자유민주주의를 제대로 체화하고 이해해야 비로소 국가의 질서가 잡히고, 사회의 안녕이 보장된다. 시장경제를 올바르게 받아들이고서 경제 활동을 해야 서민들을 울리는 기업도둑들을 막을 수 있고, 공정한 사회도 이룰 수 있다. 법치주의가 무엇인지를 올바르게 깨달아야, 상대편이 법을 어긴다고 핍박하면서 자신들은 버젓이 법을 훼손하는 내로남불 행위를 막을 수 있다. 그러니 대한민국은 기본으로 돌아가야 한다.

기본이 잘되어 있는 나라에서는 '시민정신'도 바르고 수준이 높다. 그리고 자유민주주의든, 시장경제든, 법치주의든 '지키기' 전에 "과연 나는 이들을 제대로 '이해'하고 있는가?"라고 물어야 한다. 그래야 무엇을 지켜야 하는지 알 수 있다. 혹시 내가 엉뚱한 것에 정신이 팔려 공동체의 소중한 가치를 구박하고 멸시한 적은 없는지 돌아봐야 한다.

나에게 불리하면 법마저도 부정하는 등 법치주의를 송두리째 훼손하는 내로남불 행위를 나는 한 적이 없는지 살펴야 한다. 공권력의 권위와 역할을 강조하면서도 선거에서 져서 타인에게 권력을 내주게 되면 '이제는 남의 정권'이라면서 공권력을 무시하고 그 권위를 훼손한 적은 없는지 자문해야 한다. 성찰과 반성을 통해 어느 한쪽으로도 치우치지 않는 '국민'으로 거듭나야 한다.

소위 '떼법'이라는 것이 있다. 광장에 모여 큰소리로 대중을 선동해 국가로 하여금 정당한 법 집행을 못하도록 방해하는 행위다. 나라를 망치는 행위 중 가장 대표적인 행위인 이 행위가 과연 대한민국 국민들에게 어떤 이익을 가져다줄까? 떼법은 그저 자기가 속한 집단의 이익을 위해서라면 대한민국을 무너뜨려도 된다는 몰지각한 사고방식에서 나온 파렴치한 행위다.

새로운 대한민국은 기본으로 돌아가는 것에서 시작해야 한다. 정치인은 정치인의 기본을 찾고, 일반 국민은 국민으로서의 본분을 찾은 다음, 자신의 자리로 돌아가야 한다. 엉키고 뒤섞인 사회 구석구석을 청소하여 질서를 바로잡아야 한다. 그렇게 해야 희망이 싹튼다고 필자는 생각한다. 그런 다음에 자기 자리에서 열심히 일해야 행복이 자라나고, 그래야 비로소 나라다운 나라가 만들어지지 않겠는가. 남의 일에 참견하기를 좋아하는 사람들이 거리로 뛰쳐나오기까지 하는 사회에는 희망이 없다. 그래서 새로운 정치의 리더십은 기본과 질서를 바로잡아야 한다.

어지러운 시절에도 반듯하게 살아온 최재형의 삶에서 그러한 기본을 봤다면, 대한민국의 밝은 미래도 봤을 것이다. 그렇다면 여러분은 최재형이 가자고 하면 어디든 갈 것 같지 않은가? 이는 최재형이 자신의 삶을 통해서 보여준 감동적 스토리가 우리 모두의 마음을 움직이기 때문이다. 즉, 최재형의 지금까지의 여정이 정치로 이어진다면 더 많은 감동과 행복이 대한민국 국민들에게 주어질 것이라고 필자는 믿는다.

정치는 최재형처럼 그에 걸맞게 살아온 사람이 하는 것이 맞다. 이런 말도 있지 않은가. "재산과 명예 중 하나만 선택해야 한다"고…. 그런데 우리 사회에서는 재산이 쌓이면 명예도 탐해서 문제를 일으키곤 한다. 특히 기업인이 정치를 자신의 재산 증식 수단으로 삼는 바람에 영혼까지 털리며 패가망신하는 모습을 많이 봤다.

선진국들에서는 부자의 길과 정치인의 길이 전혀 다르다. 하나를 선택하면 다른 하나를 포기한다. 정치를 사업하듯이 하면 성과를 낼 수는 있어도 온 국민을 위한 정치는 불가능하기 때문이다. 한편, 오직 자기 자신만을 위해 살아오면서 오만 가지 불법과 탈법을 일삼은 이기적인 사람이, 갑자기 공익(公益)을 위한 삶을 살겠다고 나서는 경우도 꼴불견이다. 물론 그들은 "털어서 먼지 안 나는 사람 있냐!"고 항변할 것이다. 하지만 그건 먼지가 아니라 쓰레기니까 문제인 것이다. 자신의 주제조차 파악 못하는 사람들이 정치를 하겠다고 나서니까 대한민국 정치판이 욕을 먹는 것이다.

박사, 교수, 변호사 등이 되겠다며 도서관에 틀어 앉아 공부만 한 사람들이 정치의 전면에 나서는 것도 문제다. 필자가 그들과 이야기를 나눠보면 바닥을 쉽게 엿볼 수 있다. 그들의 머릿속은 지혜보다는 자기 영역의 '지식'으로 가득 차 있다. 물론 그들의 그럴듯한 타이틀만 보고 공천을 주는 정당이 더 문제라고 지적하는 사람들도 많다. 하지만 실상은 그런 사람들이 용케 정치인이 되었고, 그런 정치를 하면서 자신들과 코드가 맞는 후배들을 밀어주니 결국 그런 정치인들만 선택을 받는 것이다. 그러니 이제 정치도 기본으로 돌아가야 한다.

문재인 정부가 들어선 이후 386 운동권에 대한 비판의 소리가 높다. 운동권끼리 모이면 "뒤늦게 세상에 눈뜨고 철들어 보니 한심한 자신들의 처지가 눈에 들어왔다"고 씁쓸하게 이야기하곤 한다. 황금 같은 젊은 시절을 급진적 사상에 빠져 흘려보냈고, 나이가 드니 할 것은 정치밖에 없더라는 웃지 못할 개그를 떠들어댄 것이다. 그렇게 386 운동권의 실체가 드러난 것이다. 해법은 의외로 간단하다. 이들을 영웅으로 대접할 것이 아니라 재기(再起)·재활(再活)의 대상으로 온당하게 대우하

는 것이다. 급진적 사상에 빠졌던 과거를 사회의 탓으로 돌리
는 것은 악의적이다. 결과에 대한 책임은 자신의 몫이니까. 조
국이 신성한 국회에서 장관 후보자의 신분으로 "나는 지금도
사회주의자다"[12]라고 당당하게 말하는 것도 코미디 아닌가.
역시 조국은 아직도 386 운동권의 선민사상에서 허우적거리
고 있는 것이다.

[12] 2019년 9월 6일, 인사청문회 과정에서 과거 남한사회주의노동자연맹
(사노맹) 활동과 관련해 "그때나 지금이나 전 자유주의인 동시에 사회
주의자입니다"라고 말해 논란을 일으켰다. 이것은 말장난이다. 자유주
의가 사회주의와 공존할 수는 없기 때문이다. 영국의 노동당도 1990년
대 초 사회주의 진영이 몰락한 이후, 자신들의 목표에서 '기업의 국유
화'를 폐기하는 등 정책과 가치에서 사회주의적 요소를 삭제했다. 유럽
에서 시작한 포스트모더니즘은 사회주의의 철학적 배경으로 작용했지
만, 누구보다도 이성과 철학을 강조하던 사회주의는 오히려 '철학의 빈
곤'이라는 조롱을 듣는 지경에 이르렀다. 만약 저 발언이 말장난이 아
니라면, 조국은 자신이 멍청하다는 사실을 드러낸 셈이다. 조국이 살
아오면서 철학의 변화가 없었다면, 필자도 직접 경험했기에 그 폐해를
잘 아는 사노맹을 지금도 추종하고 있을 조국은 대한민국의 장관 자격
이 없는 사람이다. 어설프기 그지없는 풋내기 아마추어가 청와대의 수
석이 되고 장관이 되는 한심한 사회에서 살고 있다는 현실이 서글프다.
참고로 『철학의 빈곤』은 원래 1847년 청년이던 카를 마르크스가 쓴 책
의 이름이다. 이 책은 '유물론적 역사관'을 정리했으며, 그래서 한국의
386 운동권에게는 필독서였다. 이 책은 마르크스가 기존의 사상체계
에 대한 비판을 통해 자신의 이론을 세상에 알린 도구였다. 하지만 마
르크스의 사상이 곧 '빈곤의 철학'임은 사회주의 진영의 실패로 증명되
었다.

이렇게 말하는 사람도 있으리라. "그래도 과거 운동권은 선망의 대상이었지요. 그렇게 사는 사람들이 드물었으니까요"라고 말이다. 이 또한 백 보 양보해도 부분적으로만 맞다. 운동권이 과거 불의에 대항하여 앞장선 것은 필자도 인정한다. 하지만 선을 넘어 공산주의와 사회주의, 더 나아가 북한의 주체사상과 김일성주의에 경도된 것은 용납할 수 없다. 실정법을 어긴 것이기 때문이다. 더군다나 이들은 가장 지독한 반(反)국가적 행위를 통해 체제를 전복함으로써 대한민국을 위험에 빠트리려고 했었다. 이것이 팩트다!

시나브로 전향했더라도 자신이 혹여 당시의 경향성을 그 스스로도 모르게 여전히 지니고 있지는 않은지 가슴에 손을 얹고서 살펴볼 필요가 있다. 그러니 이제는 사회가 이들을 선망의 대상으로 바라볼 것이 아니라, 안타까운 시기를 보낸 완폐아(완전히 패배한 아이)들로 보는 것이 알맞다. 당시 기성세대가 제 역할을 못 해서 발생한, 나름 의로웠던 청년들이었지만 처음 품었던 마음과는 달리 잘못된 선택을 한 자들이라고 말이다. 그리고는 훌훌 털어버리고 미래로 나아가야 한다.

단언컨대, 대한민국은 급진적 386 운동권에게 마음의 빚을 진 적이 없다. '386 운동권'이라는 표현과 그 시절, 그 자체가 귀태(鬼胎)[13]일 뿐이다. 자기 나라를 무장폭동혁명을 동반한

내란을 일으켜서라도 전복시키고 급진적 사회주의 국가로 만들려고 했던 사람들을 영웅시하며 미화하는 나라는 없다. 오히려 그런 존재들을 창피스럽게 여겨야 한다. 누군가가 그런 부끄러운 과거를 들춰내면 "아, 그때는 철모르던 시절이었다"라고 하면서 뒷머리를 긁적여야 하는 것이 맞다.

그런데 지금 대한민국의 권력을 장악하고 있는 386 운동권은 "그 당시의 나와 지금의 나는 생각이 다르다"는 발언조차 없이 1급 국가 기밀을 다루는 자리에 '떳떳하게' 앉아 있다. 필자의 이 말이 납득하기 어려운가? 그렇다면 이렇게 생각해보자. 똑같은 젊은이 두 명이 있다. 한 명은 다른 젊은이가 말렸는데도 잘못된 사상에 경도되어 '북한은 나의 조국'이라고 떠들고 다니면서 반(反)대한민국 시위를 벌였고, 그 전력으로 군대도 면제되었다. 다른 한 명은 헌법에 명시된 국방의 의무를 당당히 이행하고자 군에 입대하여 해군으로 복무하다가,

---

13 '태어나지 말았어야 할 대상을 가리켜 사용하는 말'이다. 글자 그대로 해석하면, '귀신이 밴 아이'다. 주로 무속(巫俗) 세계에서 사용하는 용어다. 386 운동권의 개념은 지금도 독립적으로 살아서 움직이고 있다. 그 개념에는 냉전 시대 사회주의 국가적 망령과 대한민국에 대한 저주가 실려 있으며, 왜곡되고 부정적인 역사 인식도 그 안에 자리를 잡고 있다. 대한민국 국민들이 과거를 바로잡지 않으면 우리가 원하는 대한민국의 미래가 올 수 없다. 대한민국의 미래에 희망이 없어 보이는 이유는 386 운동권의 개념이라는 과거의 망령을 걷어내지 않고 있기 때문이다.

서해에서 북한군의 소행으로 목숨을 잃었다. 앞의 젊은이는, 마치 영웅인 양 소위 '민주화운동보상법'으로 거액의 보상금[14]도 받고, 정치권에 스카우트되어 금배지도 달고, 장관 자리까지 차지했다. 뒤의 젊은이는 마치 개죽음이라도 당한 것처럼 '운이 없는 친구'라는 값싼 동정이나 받을 뿐이다. 심지어 "북한의 소행이 아닐 수 있다!"고 주장하는 386 운동권 출신 정치인들에 의해 명예마저도 짓밟힌다.

이게 공정하고 상식적인 이야기인가? 그런데 이런 이야기

---

[14] 1999년 12월 제정되었는데, 신청만 하면 특별한 경우를 제외하곤 다들 받았다. 징역살이까지 했으면 평균 수천만 원 정도는 족히 받았다. 이 법이 386 운동권에게까지 적용될 거라고 처음 발표되었을 때에도 말이 많았다. 받아도 되는지, 거절해야 하는지를 놓고 논란이 많았다. 하지만 누구도 당당하게 "우리에게는 받을 자격이 있다!"고 의견을 낸 사람은 없었다. 적어도 필자 주변에는 없었다. 최소한의 양심마저 팔 수는 없었기 때문이다. 특히 이 법은 '명예 회복'을 포함하고 있어서 더욱 그랬다. 필자는 '체제 전복' 활동을 한 자들의 명예를 돈까지 얹어주면서 '회복'해준다는 이야기에 어이가 없었다. 필자와 비슷한 마음이 들어서 애당초 신청조차 하지 않은 사람도 꽤 있다. 물론 필자도 그중 하나다. 한 운동권 선배는 "보상금을 타서 허름한 방석집 술값으로 탕진하자"고 주장하기도 했다. 가난한 민중에게 돌려주는 방법이라면서 말이다. 그가 정말로 그렇게 했는지는 확인해보지 않았다. '적잖은 보상금'이라는 것도 결국 대한민국 국민들에게서 나온 세금일 것이니, 받아도 쓸 수가 있겠는가! 그렇게 고민하는 사람들도 아주 많았다. 얼마 전엔가, 이 보상금을 받지 않은 인사가 뉴스의 조명을 받기도 했다. 우리는 지금 참으로 상식적이지 않은 세상에서 살고 있다.

가 지금 대한민국에서 버젓이 전개되고 있다. 뭔가가 단단히 잘못 꼬인 채 일을 그르치고 있다. 그러니 잘못 꼬이기 시작한 지점을 찾아내어 바로잡아야 한다. 그 잘못 꼬이기 시작한 지점이 바로 '386 운동권'이다. 그들의 개념에 대한 정확한 규정과 그에 따른 온당한 대접만이 대한민국을 바로잡을 수 있다. 만약 우리에게도 선진국들처럼 긴 시간이 주어졌다면 시행착오를 그만큼 덜했을 것이다. 좋은 지도자도 더 많이 배출되었을지 모른다. 불행 중 다행히 이제라도 새로운 희망이 손에 잡히기 시작했다. 그러니 더 이상 귀태의 저주에 속지 말자! 미래로 가자!

대한민국은 과거의 '운동권'이 아니라 현재의 '최재형'이 필요하다. 세계 어디에도 자랑스럽게 내놓을 수 있는 우리의 표상 말이다. 사실, 대한민국의 모든 국민들이 국제사회에서 당당해질 수 있도록 해줄 이름표가 별로 없었다는 것이 문제가 아니었던가. 그런데 이름이란 역시 사람의 것이어야 하는데, 그동안 우리는 '한식(韓食)'이니 '한류(韓流)'니 하며 헛돌고 있었다. 이제 바로 잡을 필요가 있다.

이 일이 왜 필요한지를 설명하기 위해 예를 하나 들겠다. 외국 여행을 하다 보면 우리와는 현격히 다른 점을 하나 발견한다. 일상적으로 사용하는 화폐에 다들 자국 근·현대사의 훌륭한 인물들을 주인공으로 넣는데, 유독 우리나라만 오래된 선조들 모습을 담고 있다는 점이다. 이것은 우리가 가지고 있는 콤플렉스 때문이다. 이러저러한 이유로 근·현대사에서 표상으로 내세울 만한 인물이 없어서인 것이다. 그런데 말이 안 되지 않는가? 대한민국의 근·현대사에 위대한 인물이 없었다면 과연 어떻게 지금의 자랑스러운 대한민국이 존재할 수 있는가 말이다.

사회가 좌·우 진영으로 나뉘다 보니 양측이 내세운 전문가들 사이의 의견이 분분하여 양쪽 모두를 아우를 화폐 속 인물을 선정하는 데 애로사항이 많았을 것이라고 미루어 짐작할 수 있다. 그리고 이러한 배경 때문에 엉뚱하게도 '운동권'이 하나의 상징적 존재로 우리의 마음속에 자리를 잡았는지 모른다. 물론 우리는 마음속 깊은 곳에서 '누군가'를 기다리고 있다. 대한민국의 과거를 바로잡고 미래로 나아갈 수 있게 해줄 '키다리 아저씨'[15]를 말이다.

---

[15] 미국 작가 진 웹스터의 소설 『키다리 아저씨』가 있다. 편지 형식의 소설인데, 필자가 어렸을 때는 모두가 돌려 읽고 이야기꽃을 피우게 해주었던 책이다. 고아인 주인공 소녀에게 이름을 알 수 없는 독지가가 학비를 후원한다. 조건은 학교생활에 대해 편지로 써서 보내달라는 것이었다. 소녀는 얼핏 봤던 그 신사의 키 큰 뒷모습을 떠올리며 '키다리 아저씨'라는 호칭을 그에게 붙여준다. 대한민국이 어려웠던 1970년대에 사우디아라비아의 건설 현장에 노무자로 나갔던 아버지와 행상을 하면서

평화, 애국 그리고 태극기

한반도에는 전쟁의 기운이 가득하다. 6·25 전쟁을 겪은 세대가 그날을 아직도 생생히 기억하고, 휴전선을 사이에 두고서 크고 작은 분쟁이 현재까지 계속되고 있기 때문이다. 그래서 필자는 '나라를 지킨다는 것'이 무엇인지 생각해본다. 그리고 '평화'를 지키는 것은 무엇인지, 대한민국 국민의 '의무와 권리'는 또한 무엇인지 돌아본다.

우리 사회에 만연한 이념적 갈등을 유발하는 자들은 대한민국 국민들이 일상적으로 사용하는 단어들마저 자기들의 목적에 따라 왜곡시키는 경향이 있다. 대표적인 사례가 '평화'다. 평화는 모든 민족, 전 인류가 지향하는 가치가 아닌가. 하지만 한반도에서는 그 의미가 왜곡되어 잘못된 대접을 받고 있다. 어느 사이엔가 좌파가 선호하는 단어가 되었기 때문이다. 그러니까 이런 식이다. 2010년 11월 23일 연평도 포격 사건[16] 직

고생을 감내하시던 어머니가 있던 가난한 아이에게 이 소설 속 '키다리 아저씨'는 곧 '희망'이었다. 부모님들이 노동을 통해 대한민국 산업화의 신기원을 이루는 동안, 이 당시 아이들은 작은 행복들을 놓치지 않고 '희망'을 꿈꾸었다. 그럼으로써 절망하지 않았다. 필자는 최재형의 키가 얼마나 큰지는 모른다. 하지만 우리가 바라는 희망의 높이만큼 커 보인다.

16 2010년 11월 23일, 북한이 서해의 연평도에 포격을 가해 실제로 전쟁

후 국군의 보복 응전 분위기가 무르익자 운동권 출신 정치인들은 "전쟁이냐, 평화냐"라는 구도를 내세웠다. 언뜻 보면 그럴듯해도, 자세히 들여다보면 논리적 모순으로 가득하다.

먼저, 전쟁과 평화는 대립하는 개념이 아니다. 탐욕스러운 전쟁도 있지만, 평화를 위한 전쟁도 있기 때문이다. 제1·2차 세계대전은 몇몇 유럽 강대국들의 탐욕 때문에 발발했다. 이를 저지하고 평화를 지키기 위하여 미군을 중심으로 연합군이 결성된다. 불의한 욕망을 실현하기 위해 벌인 전쟁은 나이브한 이상주의자들의 생각과 달리 말로 설득한다고 멈추지 않기 때문이다. 그래서 평화를 원한다면 무기를 들 수밖에 없는 것이다. 즉, '전쟁을 종식시키기 위한 전쟁', 일종의 맞불이 불가피한 것이다. 아니, 가슴에 손을 얹고 생각해보자. 상대방이 무기를 들고 위협하며 폭행을 일삼는데, 우리 편에게는 "평화를 위해 무기를 버려라(저항하지 말고 그냥 맞아라)"고 하는 것이 옳은 행위인가? 이는 이적행위이고, 평화를 짓밟는 행위다!

이 일어날 것만 같았던 사건이다. 북한은 한미연합사령부 훈련을 핑계로 사전 예고 없이 무차별 포격을 가했다. 이로 인해 해병대원 2명과 민간인 2명이 사망했다. 또한 건물 수십 채가 불에 타고 잿더미가 되었다. 민간인과 마을에 대놓고 포격한 것은 이례적이었고, 국민이 분노하는 것도 당연했다.

운동권 출신 정치인들은 북한에 대해서는 한없이 관대하면서, 정작 대한민국을 온갖 이유를 대며 핍박한다. 좌파의 이중적 잣대[17]에 따른 것이다. 이들이 최근 벌이고 있는 '종전 선언 캠페인'도 마찬가지다. 북한이 개발한 핵무기에 대해서는 한마디도 안 하면서, 정작 대한민국의 군비를 축소해야 한다고 주장한다. 휴전 상태에 있는 한반도에서 전쟁을 완전히 끝내기 위해 당사자들끼리 종전 협정에 도장을 찍어야 한다고 주장한다. 하지만 그 결과로 다가올 주한미군 철수에 대해 그들은 말하지 않는다. 종전을 선언하면 한반도에 평화가 찾아올 것처럼 주장하지만, 실은 대한민국이 고스란히 북한 핵무기의 인질이 될 터인데, 그런 사실에 대해서는 입을 다물고 있다. 도

17 이들에게 미국은 일단 '악(惡)'이다. 모든 문제는 미국에서 발원한다. 미국만 없어지면 모든 문제가 해결된다. 말 그대로 황당한 논리를 가지고 있는 것이다. 소련의 옛 문서들과 기록들이 공개되면서 6·25 전쟁의 원인이 미국이 아니라 스탈린을 설득해 지원을 받은 김일성이라는 사실이 드러나자, 『해방전후사의 인식』과는 다른 내용이라 초기에는 매우 당황하며 괴로워하다가 바로 다음과 같이 정리한다. "그래도 미국이 문제!"라고 말이다. 이들은 이렇듯 북한에는 한없이 자애로운 사람들이다. 북한과 좌파의 거짓이 드러날수록 그에 비례해서 미국은 절대 악이 되어야 한다. 그래야 자신들이 그동안 살아온 시간을 합리화할 수 있어서다. 이들은 정신 차리고 싶지 않은 것이다. 자신을 정의의 사도라고 생각했는데, 깨어보니 돈키호테처럼 풍차를 향해 돌진한 거였다는 사실을 알게 된다면 살고 싶겠는가. 아마도 진짜 정의로운 사람이 아니라면 인정하고 반성하는 것은 불가능할 것이다. 이들은 그만큼 위선적이다.

대체 그들의 조국은 과연 대한민국인가, 아니면 북한인가?

　보수 진영과 보수계 정치권도 문제다. 평화라는 숭고한 가치를 되찾을 생각은 않고, 평화를 주장하면 좌파로 본다. 그런 식으로 소중한 개념을 하나씩 좌파에 스스로 내주고 있다. 개념의 전쟁에서 패배하고 있는 것이다.[18] 이는 보수 진영에서도 왜곡된 역사관이 퍼지고, 그에 따라 대한민국을 지키고자 하는 자긍심이 사라지고 있기 때문이다.

　혹자는 이렇게 분석한다. 그동안 대한민국에 대해서 당당하게 이야기하는 사람이 없었다고 말이다. 아니, 대한민국에 대해 그렇듯 당당하게 이야기할 수 있는 조건을 갖춘 사람이 없었다고, 그런 정치인이 없었다고 말이다. 하긴 보수계 정치인들치고 본인이든 자식이든 거의 모두 병역 비리에 연루되거나, 소위 '생계형 방산비리'에 연루되지 않은 자가 없었으니까 말이다. 이들이 내부 분열과 부정부패로 인해, 특히 군대 내부에마저도 비리가 만연했기에 미국마저 포기하면서 망해버린 남베트남을 손가락질하는 것이 우스울 지경이다.[19]

---

[18]　북한과 좌파가 얼마나 고소해할까. 좌파가 '평화'를 주장하면, 보수는 "앞으로 평화는 좌파의 용어니까 사용하지 말자"고 한다. 이렇기 때문에 진짜 보수가 필요하다. 당당한 보수의 리더십이 절실하다.

[19]　자신들의 조국인 남베트남이 멸망할 때 베트남 근해까지 온 미 해군 함

불행 중 다행히 '최재형'과 그의 집안이 보여준 모습에서 평화의 가치가 무엇인지, 애국이 무엇인지를 온 국민이 깨닫기 시작했다. 너무나도 당연한 국방의 의무가 흐려졌다가 '최재형' 덕분에 새롭게 주목받고 있다. 이전까지 '신성한 국방의 의무'라는 말의 의미조차 퇴색되지 않았던가. 심지어 암묵적으로 "국방의 의무란 피할 수 있으면 피하는 것이 좋다. 군대를 안 갈 수 있는데도 가는 놈이 바보다"라는 생각마저 만연하지 않았던가. 그런데 잃어버렸던 우리 조국 대한민국에 대한 국민의 의무를 '최재형'을 통해 깨우친 것이다. 그래서 최재형 리더십은 대한민국의 새로운 정치를 위한 희망이다. 한반도는 물론 세계 평화를 위한 바른 이정표로 작동할 것이기도 하다.

잘못된 개념은 평화에 대한 것뿐만이 아니다. '애국'은 언제부터인가 '꼴통'의 다른 표현으로 정착했다. '태극기'는 어

대로 탈출하는 데 성공한 남베트남 장군들은 태평양 한복판에 있는 미국령 섬인 괌에 수용되었다. 수용 첫 날, 미군은 이들에게 별이 잔뜩 달린 남베트남 군복을 벗고 갈아입으라면서 사복을 던져주었다. "군복을 그대로 입고 있을 수는 없겠는가?"라는 한 장군의 말에 어느 미군 하급 장교가 비웃으면서 일갈했다. "당신들은 더 이상 군대도 나라도 없잖아요!" 이 말에 '전직' 남베트남 장군들은 아무 소리 않고 옷을 갈아입었다고 한다. 우리나라 장군들이 머릿속에 새겨야 할 이야기가 아닌가 한다. 대한민국 국군의 장군들이 병사들보다 먼저 남베트남의 멸망을 예시로 한 정신교육을 단단히 받아야 할 것 같다.

느 순간부터 아스팔트 위에 모인 일단의 비합리적인 세력들을 지칭하는 말이 되었다. '애국'이라는 말을 하면 왠지 좀스러운 사람 취급하고, '태극기'를 보면 고개를 절레절레 흔드는 모습에서 대한민국의 밝은 미래가 보이는가? 냄비에 빠진 바다가재가 물이 서서히 뜨거워지는데도 의식하지 못한 채 죽어가는 것과 마찬가지 아닌가! 그런데 이런 우리에게 '최재형'이 나타나 구원의 손길을 뻗은 것이다!

3장
•

가문의 영광
대한민국의 영광

대통령이 되고자 한다면 안 될 것이다. 불타서 재가 되는 고통을 감내해야
한다. 판을 뒤집는 페이스메이커가 되어야 한다. 최재형을 비롯한 모든 이에
게 기회를 주는 것이 '최재형'의 역할이다. 그곳에서 진정한 '권력의지'가 피
어난다. 의혹이 감동으로 변하는 순간, 국민의 마음이 열릴 것이다. 비로소
탄핵의 강을 건너게 될 것이다. 모든 보수의 문제를 걸머지고 십자가의 길을
재촉할 때, 보수는 부활한다.

미담으로 본 최재형 스토리

최재형에 관한 두 가지 기사를 소개한다. 각각 월간지와 주간지의 기사인데, 2020년과 2021년에 실린 글이다. 관심 있는 분들은 보셨겠지만, 그렇지 않은 분들이 더 많을 것이다. 처음에는 필자가 새롭게 구성할 생각도 했지만, 내용의 공정성과 객관성을 고려한다면 유력 언론사의 베테랑 기자가 썼으며 짧지 않은 시간 동안 공정성을 인정받은 기사들이니 원문 그대로 싣는 것이 바람직하다고 보았다.

최재형이 '최재형'으로 정치를 선언하는 순간, 그의 가문의 영광은 대한민국의 영광으로 발전해야 한다. 이런 사람도 정치할 수 있다는 가슴 뿌듯한 자긍심과 비전을 국민의 마음에 새겨야 한다. 이럼으로써 하나의 미담이 정치적 비전으로 새롭게 태어난다. 즉, 최재형 한 사람의 가문의 영광으로만 끝날 것이 아니라 새로운 정치, 새로운 대한민국의 영광으로 거듭

태어나야 한다.

아울러 '미담 제조기'라는 애칭답게 최재형과 관련한 더 많은 기사와 미담이 새롭게 나타나고 있지만, 그러한 미담들을 소개하는 것이 이 책의 목적은 아니라는 사실을 재삼 밝혀둔다. 물론 그러한 미담들을 통해서 인간 최재형에 대해 더 많이 알게 될 수 있을 것이다. 또한 최재형 신드롬이 이로부터 어떻게 발생하여 대한민국에서 꿈틀거리는지, 그리고 최재형의 새로운 발걸음을 추적해보는 것이 독자 여러분에게도 즐거운 작업이 될 것이다.

심층탐구

'인간 최재형 감사원장', 그 삶의 궤적[1]

"작은 자, 보잘것없는 자를 진심으로 섬기는 사람"

• 군인의 아들로 태어나 판사의 길 걸으며 '원칙주의자' '작은

[1]　이 글은 《월간조선》 2020년 10월호에 실렸던 글이다. 최우석·조성호 기자가 취재하여 기사를 썼다. 원문을 그대로 싣는다.

예수'란 평가 받기까지

- 부친이 최재형 원장에게 써준 네 개의 '예언적' 사자성어
- 동생이 최재형 원장에게 '종교개혁'의 주역 마르틴 루터가 한 말을 메시지로 보낸 까닭
- 최재형 원장이 필리핀 선교지에서 구겨진 '바람개비'를 일일이 폈던 이유
- 같은 아파트에서 살았던 법조인의 회고 "최재형 원장 부부는 아들들에게 헌신, 그 자체였다"
- 아내의 지극한 아들 사랑 "막내가 유학을 떠납니다. 그 아들을 보내려니 허전합니다"
- '평생지기'와의 운명적 만남 "명훈에게 재형은 스스로 '지팡이'가 되리라 마음먹었다"
- 감사원장 발탁 秘話 "조국 민정수석이 '감사원장 맡아달라'고 전화했다"

※ 편집자 註

'대쪽'. 누군가의 별명이었던 이 단어가 요즘 자주 들린다. 개원 72주년을 맞은 감사원을 이끄는 수장 최재형에게서 과거 '율곡사업'과 '평화의 댐' 감사를 진행하면서 전두환·노태우 두 전직 대통령을 겨눴던 감사원장 선배 '이회창'의 향수를 느끼는 사람이 점점 늘고 있어서일 것이다.

실제 《월간조선》에 최재형 원장에 대해 취재해달라는 독자

들의 요청이 쇄도하는 것만 봐도 잘 알 수 있다. 이에 본지는 '감사원장 최재형'이란 이면에 감춰진 '인간 최재형'을 조명해 봤다. 정치적 의미 부여를 배제하고, 주변인의 증언과 자료 등을 통해 '인간 최재형'을 최대한 객관적으로 그려본 것이다. 직무 수행과 인품, 두 가지 측면에서 모두 호평(好評)을 받는 최재형 원장의 '삶의 궤적'을 따라가 봤다.

2017년 말 휴대전화기가 울렸다. 조국 당시 청와대 민정수석이었다.

"우리가 (감사원장 후보로) 여러분을 인사 검증했는데 (사법연수) 원장님이 최적임자라는 판단이 서 이렇게 연락을 했습니다."

최재형 감사원장은 박정희 전 대통령이 국가재건최고회의 의장 시절 그의 비서로 일하며 각별한 신임을 받은 부친에게 대통령직에 오른 박 대통령이 함께 일하자고 했을 때 "각하, 저는 목숨을 걸고 한강을 건넌 사람이 아닙니다"라며 거절했던 일화를 떠올렸다.

문재인 정부 탄생에 전혀 기여하지 않은 자신이 감사원장직을 맡는 게 도의(道義)에 어긋난다고 판단한 것이다. '그 아버

지에 그 아들'이란 말이 괜히 나온 게 아니었다. 완곡히 사양
의사를 밝히니 조국 수석이 말을 이었다.

"원장님의 의사와는 상관없이, 후보로 추천하겠습니다. 많은 분을 검증했는데, 인사청문회를 통과할 사람은 원장님이 유일합니다."

그렇게 최 원장은 여·야 모두의 환영을 받으며 제24대 감사원장직에 올랐다.

'신(神)이 내린 인간'이란 극찬

'감사원장 최재형'은 소위 말하는 엘리트 코스를 밟았다. '명문(名門)' 경기고와 서울대 법대를 졸업하고 사법연수원(13기) 수료 후, 줄곧 판사의 길을 걸었다. '엘리트 이미지'는 인간미와 거리가 멀다고 느끼는 게 사람들의 고정관념이다. 최재형 원장은 거기에 더해 '철저한 원칙주의자'라는 평가를 받는다. 이는 원전(原電) 감사를 놓고 일고 있는, 정치권의 파상 공세에도 아랑곳하지 않는 그의 모습에서 어느 정도 확인이 됐다.

감사원이라는 기관이 주는 인상도 한몫한다. 감사원은 각 정부 부처(部處)를 상대로, 외부의 압력 없이 독립적인 감사를 벌일 수 있는 국가 최고 감사기관이다. 감사원장은 대통령이 임명하지만 그 직무에 관해서는 독립성이 보장된다. 그만큼 감사원(장)이 주는 위압감은 상당하다고 할 수 있다. 이런 정

164

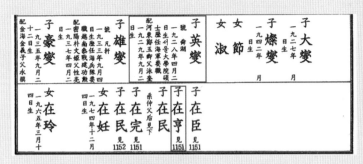

최영섭(상단의 네모 박스) 대령, 최재형(하단의 네모 박스) 감사원장 부자(父子)의 해주 최씨 족보. 최영섭 대령의 두 동생도 각각 해병대 대령, 해군 부사관으로 전역했다.

보만 갖고 있다면 '감사원장 최재형'의 인상은 딱딱함과 완고함으로 여겨질 것이다.

'인간 최재형'은 완전히 다른 모습이다. 최재형 원장과 오랫동안 교류한 지인(知人)들은 최재형 원장을 가리켜 '신(神)이 내린 인간'이라고 극찬하고 있다. 그가 감사원장에 발탁되자 대다수 언론은 그와 관련한 미담(美談)을 쏟아냈다.

지인들의 증언을 소개하기 앞서 그의 본관과 집안부터 살펴보자. 최재형 원장의 본관은 해주(海州)로, 서운부정공파 최용(崔鄘·생몰년 미상)의 36대손이다. 해주 최씨는 고려 왕조에서 가장 빛을 발한 가문으로 알려져 있다. "고려의 역사는 곧 해주 최씨의 역사"라고 말하는 사가(史家)도 더러 있다.

해주 최씨의 시조(始祖)는 최온(崔溫·생몰년 미상)이다. 최온은 고려 광종(光宗·925~975) 시기에 태어난 것으로 알려져 있으며, 황해도 해주에서 오랫동안 거주했던 호족 출신으로 추정된다. 최온의 초기 벼슬은 호장(戶長)이었다.

최온보다 더 유명한 이가 그의 아들인 '해동공자(海東孔子)'로 불리는 최충(崔沖·984~1068)이다. 문장과 글이 뛰어난 최충은 고려 초기 율령과 형법을 정비하는 작업에 주력해 최고 관직이자 재상(宰相) 자리인 문하시중(門下侍中)에까지 올랐다.

최충은 교육기관인 '9재(齋) 학당'을 설립한 것으로도 유명하다. 거란의 침입으로 유명무실해진 고려 최고의 교육기관인 '국자감(國子監)'을 대체하기 위해 자신의 집에 사숙(私塾)을 만들었는데, 이것이 9재 학당의 모태(母胎)다. 최충은 아들들에게 "선비가 세력에 빌붙어 벼슬을 하면 끝을 잘 맺기 어렵지만, 글로써 출세하면 반드시 경사가 있게 된다. 나는 다행히 글로써 현달(顯達)하였거니와 깨끗한 지조로써 세상을 끝마치려 한다"는 말을 남겼다고 한다.

최재형 감사원장의 부친 최영섭 예비역 해병대 대령. 사진＝조선DB.

'대한해협 전투' 승리로 이끈 부친(父親) 최영섭 (예)대령

최재형 원장의 부친은 해군사관학교 부교장을 지낸 최영섭 (崔英燮·93·해사 3기) 예비역 해군 대령(현 한국해양소년단연맹 고문)이다. 최 원장은 최영섭 대령의 4남 중 차남이다.

최영섭 대령은 우리 해군에서 '신화적인' 존재다. 6·25전쟁 발발 직후, 우리 해군이 북한군을 상대로 벌인 전투에서 승리 한 '대한해협 해전'의 실질적인 주역(主役)이어서다. 이 해전은

6·25전쟁 최초의 해전이자 첫 승전(勝戰)이었다.

당시 최영섭 대령은 백두산함의 갑판사관 겸 항해사·포술사였다. 제2함대 소속이었던 '백두산함'은 대한민국 해군이 보유한 유일한 전투함이었다. 이 해전에서 '백두산함'은 부산 동북쪽 해상에서 무장 병력 600여 명을 태우고 남쪽으로 내려오는 1000t급 북한군 무장 수송선을 5시간에 걸친 추격과 교전 끝에 격침시켰다. 이 전투의 승리로 6·25전쟁 초기 북한군의 후방 공격을 차단할 수 있었다. 이후 179만명의 유엔군과 막대한 양의 전쟁 물자가 부산항을 통해 무사히 들어올 수 있었고, 이는 6·25전쟁을 승리로 이끄는 원동력이 됐다.

당초 최영섭 대령은 "공직자의 직무(職務)를 수행하는 아들에게 도움이 될 것 같지 않다"는 이유로 만남을 완곡히 사양했었다. 최영섭 대령에게 취지를 설명하고, 설득한 끝에서야 경기도 일산의 자택에서 마주할 수 있었다.

어느 아버지라도 아들에 대해 속속들이 이야기한다는 건 어려운 일이다. 더구나 '칼날 위에 서 있는' 최재형 감사원장의 부친(父親) 아니던가. 최영섭 대령은 "정치적인 이야기는 일절 하지 말자"며 최재형 원장의 유년 시절 일화에 한해서만 이야기를 풀어나갔다.

동교동에서 마장동까지 왕복 4시간 통학

"재형이 출생지가 경남 진해로 돼 있지만, 사실 거긴 두어 달밖에 안 살았어요. 재형이가 태어나던 해인 1956년 10월 인가 11월, 제가 서울에 있는 해군본부로 발령이 났어요. 그전에는 경남 진해에서 관사(官舍) 생활을 했는데, 서울 에는 집이 없었어요. 그래서 살 집을 구하러 다녔죠. 그때 찾아간 게 창덕궁 부근 종로구 와룡동에 있던 어느 기와 집이었어요. 집에 들어가니까 문 왼쪽에 머슴방이 월세로 나와 있었어요. 한 세 평쯤 되는 그 방을 얻었어요. 재형 이가 9월 2일 태어났으니까 태어난 지 두어 달밖에 안 된 거죠. 그 핏덩어리만 서울로 데리고 올라와, 그 머슴방에 서 한동안 둘이 같이 살았죠. 큰아들하고 아내는 어머니 랑 진해에 있었고요."

와룡동 단칸방에서 살던 최영섭-최재형 부자(父子)는 회현 동을 거쳐 동교동으로 이사했다. 그 사이 최영섭 대령은 전역 을 했고, 진해에 있던 가족들도 서울로 올라와 함께 살게 됐다. 일가(一家)가 동교동에 정착했을 무렵, 최재형 원장은 한영중 학교를 다니고 있었다.

한영중학교는 현재 서울 강동구 고덕동에 있지만, 당시는 성동구 마장동에 있었다. 동교동에서 마장동은 서울 서쪽에서 동쪽으로 가로질러 가야 한다. 최영섭 대령은 "당시는 교통도 좋지 않아 재형이가 통학하는 데에만 왕복 4시간 정도 걸렸다"고 말했다. 최재형 원장은 그 먼 거리를 군소리 없이 3년간 다녔다.

상무대에서 군사훈련 받을 때에도 '솔선수범'

최재형 원장은 사법연수원 13기로 수료했다. 이 기수에서는 제법 유명한 인물들이 많이 배출됐다. 가장 유명한 이 중 두 명을 꼽으라면 역시 강금실 전 법무부 장관과 황교안 전 미래 통합당 대표다. 박한철 전 헌법재판소장, 한상대 전 검찰총장, 조대환 전 청와대 민정수석, 최성준 전 방송통신위원장, 허익범 드루킹 특별검사팀 특별검사도 13기다.

최재형 원장의 연수원 동기(同期)이자, 현재 법무법인 대표를 맡고 있는 A 변호사의 이야기다.

"최재형 원장이 연수원 시절 친하게 지냈던 이들이 공교롭게도 '두 명의 최씨', 즉 '3최'가 친했던 걸로 기억해요. 한 명은 현직 판사고, 또 한 사람은 정부 고위직을 지냈습니다. 이 중 고위직을 지낸 최씨하고는 연수원뿐 아니라 중·고교, 대학까지 동기랍니다."

이들 연수원 13기생은 1983년 광주 상무대에서 군(軍) 법무관 임관을 위한 군사훈련을 받았다. A 변호사는 "상무대에서 훈련받을 때 가장 힘들었던 건 유격훈련이었다"며 이런 말을 했다.

"상무대 유격훈련장은 상무대로부터 약 60km인가? 아무튼 아주 멀리 있었어요. 거기까지 완전군장을 한 채 행군(行軍)을 해 가야 합니다. 그게 굉장히 힘들어요. 나도 일주일 동안 양치 한 번 못 했으니까요. 그때 최재형 원장이 분대장이었어요. 아무리 우리가 법무관 임관을 앞둔 사람들이라고 해도, 훈련병은 훈련병이잖아요. 교관(敎官)들이 적당히 훈련받도록 내버려 두지 않았죠. 그래서 처음부터 우리 기를 죽이려고 했어요. 분대장이었던 최재형 원장은 훈련병하고 교관 사이에서 조율과 중재를 참 잘했어요. 우리 편하게 해주려고요.(웃음) 늘 솔선수범해서 다들 좋아하고 따랐지요."

판사와 '앙숙'인 검사 출신 법조인도 호평(好評)

지금은 모 기업 고문으로 있는 연수원 동기 B씨(검사 출신)의 회고는 좀 더 자세하다.

"상무대에서 훈련받을 때 최재형 원장은 제 옆 내무반이었습니다. 당시 우리 연수원 기수(期數)에서 가장 많았던 학번이 77학번이었는데, 최 원장은 고시(考試)가 늦은 편은 아니지만 75학번으로 학번상 연장자 축에 속했습니다. 어느 날 최 원장 내무반에 있던 녀석들이 요령을 피워 단체기합을 받더라고요. 그럼 분대장으로서 화도 날 법도 하잖아요. 나이도 어린 녀석들 때문에 기합을 받으니까요. 그런데 최 원장은 아무런 불평 없이 그들을 다독거리더라고요. 오히려 행군할 때 힘들어하는 동기들의 총이나 군장을 대신 메주기도 하고요. 생색은커녕 아무 말 없이 묵묵히요. 그래서 제가 '아니 저런 숨은 영웅이 요즘도 있냐'고 물어보니 다른 동기가 '몰랐어? 경기고 다닐 때 몸이 아픈 친구를 업어서 등교시켰던 사람'이라고… 그때 처음 들었어요."

판사 출신 변호사 C씨는 "판사들은 동기회에 잘 안 나오는 경우가 많다"면서 "최 원장은 빠짐없이 참석하려고 노력해 동기회에 신뢰를 줬다"고 말했다. C씨는 "나는 사회 비판적인데다가 할 말도 하는 편이지만, 최재형 원장은 남의 말을 경청하는 은자형(隱者型) 인간"이라고 평가했다.

또 다른 판사 출신 변호사 D씨(모 법무법인 대표)도 "원칙주의자는 일반적으로 유연성이 부족하다고 할 수 있는데, 최재형 원장은 원칙주의자이면서도 소탈하고 유연성이 있다"고 말했다. D씨 역시 "최 원장은 자기 이야기보다는 주로 경청하는 스타일"이라며 "어디 한쪽으로 치우침이 없는 중용(中庸)을 추구하는 분"이라고 했다.

보통 판사와 검사는 '앙숙 관계'다. 판사에게 검사 평을 물어보거나, 검사에게 판사 평을 주문하면 혹평이 한두 개쯤은 나온다. 기자가 몇몇 검사 출신 법조인에게 최 원장에 대한 평가를 주문했더니 그 반응 역시 비슷했다. 고검장 출신의 현직 변호사는 "무결점이라고 하면 과장이겠지만 최재형 판사는 무결점에 가까운 분"이라고 했다.

여기서 잠시 최재형 감사원장 집안의 병역 사항을 짚어보자. 감사원장 인사청문회에서도 언급됐듯이, 최재형 원장 집안은 '병역 명문가'다. 이는 최영섭 대령의 영향으로 보인다. 최영섭 대령의 국가관은 투철하기로 정평이 나 있다. 최 대령의 말이다.

"내 밑에 동생 2명이 있는데 바로 밑의 동생은 해병대 대
령으로 예편하고, 한 명은 해군 부사관 출신입니다. 아들
넷 중 첫째는 해군 대위로, 재형이는 육군 중위로, 셋째는
공군 대위로, 넷째는 육군 소위로 복무했어요. 손자 1명은
해병대 중위로 DMZ(비무장지대) 소대장을 했고, 2명은
육군에서 복무했지요."

최재형 원장의 두 아들도 각각 해군과 육군에서 복무했거나
복무하고 있다. 최영섭 대령과 최재형 원장의 장남은 2016년
6월 28일 부산 사직야구장에서 열린 프로야구 롯데와 삼성
경기의 시구·시타자(始球·始打者)로 마운드에 섰다. 당시 최
원장의 장남은 현역 해군 병사였다.

할아버지와 손자가 시구·시타자로 나선 건, 해군과 롯데가
'호국보훈의 달'을 맞아 계획한 장병사랑 캠페인 '땡큐 솔저'
의 일환이었다. 최영섭 대령 3대(代)가 해군으로 복무했다는
게 이들이 마운드에 설 수 있었던 가장 큰 이유였다.

"명훈에게 재형은 스스로 '지팡이'가 되리라 마음먹었다"

최재형 원장을 이해하는 데 필요한 중요 키워드 중 하나는 그의 종교다. 최 원장은 독실한 크리스천이다. 최재형 원장 지인 중 상당수가 최 원장을 평가할 때, 종교와 연결 지어 설명하곤 했다. 그만큼 종교, 즉 기독교 정신은 최재형 원장의 인격을 형성하는 데 큰 요소로 작용했다.

그가 교회를 다니게 된 배경엔 부모가 있었다. 최영섭 대령과 아내 고(故) 정옥경 씨는 동교동 인근 신촌교회에 출석했다. 최재형 원장도 자연스럽게 신촌교회를 다녔다. 신촌교회 장로인 최 원장은 감사원장에 임명된 후, 휴무(休務) 장로가 됐다. 아내 이소연 씨도 신촌교회 권사다.

최재형 원장은 신촌교회에서 '평생지기' 강명훈(姜明勳) 변호사를 만난다. 최 원장이 학창 시절, 소아마비 친구를 2년간 업고 등교했다는 일화는 이미 유명하다. 이 일화 속 '친구'가 바로 강명훈 변호사다. 그들의 피보다도 진한 우정은 1981년, 두 사람이 나란히 사법고시에 합격했을 때 큰 화제를 낳았다.

두 사람의 이야기는 그해 《조선일보》 6월 18일 자에 '신앙(信仰)으로 승화한 우정(友情) 10년'이란 제하의 기사로도 실

信賴으로 승화한 「友情10년」

—— 나란히 司試합격한 姜明勳·崔在亨군 '짙은 사귐.

肢體부자유 姜군의 손·발되고 뿐

친구에 "구김살없는 마음" 보답 崔군

밤새우며 苦惱 격려하기도
고교大學 함께 다니며 무르익어

"人間愛 실천했을뿐"

최재형·강명훈의 피보다 진한 우정을 다룬 1981년 6월 18일 자《조선일보》
기사.

렸다. 최재형-강명훈의 끈끈한 우정과 최재형 원장의 인격(人格)을 잘 보여주는 기사라 조금 길지만 요약·인용해보도록 한다.

"친구끼리인 두 사람이 나란히 사법시험에 합격했다는 것은 그리 대수로울 것이 못 된다. 그 두 사람이 유달리 가까운 사이라고 해도 그것이 떠들썩한 얘깃거리가 될 수는 없다. 그런 일은 얼마든지 있었다.

그러나 소아마비로 일어서지도 못하는 강명훈 군(25·서울대 법대 80년 졸업)과 강 군을 고등학교 시절부터 업어서 등·하교시키며 같이 공부해온 최재형 군(25·서울대 법대 79년 졸업)이 17일 나란히 사법시험(2차)에 합격하기까지에는, 우정이라고 표현하기에는 너무 벅찬 인간애의 고뇌들이 있다.

명훈과 재형이 처음 만난 것은 명훈이 보인중 3년에, 재형이 경기고 1년에 재학 중이던 72년 봄이었다. 둘 다 교회에 다니던 이들은 신촌장로교회 청년부에서 만나 신앙에 대한 이야기를 나누면서 가까워졌다…. 학년은 하나 위였으나 나이는 명훈과 동갑이었던 재형은 지체(肢體)가 부자유스러우면서도 구김살 없는 명훈이가 신기하게까지

느껴졌고, 사지(四肢)가 자유스러우면서 때로 좌절하기
잘하는 자신이 오히려 부끄러워지기까지 했다.

명훈이 고등학교에 진학할 때가 됐다. 재형은 몰래 기도
했다. 이왕이면 명훈이가 자기가 다니는 경기고에 입학해
서 같이 도와가며 공부할 수 있도록 해달라고 간절히 빌
었다. 명훈이가 창천동에, 재형이가 동교동에 살았기 때
문에 같이 다닐 수 있게 된다는 것에 더욱 마음이 끌렸다.

기도의 덕분이었는지 명훈이는 경기고에 추첨이 됐다.
중학교 때까지는 어머니가 업어서 등·하교를 시켰지만
이제는 일어설 수도 없는 몸으로 만원버스를 타고 등·하
교를 해야 하는 명훈에게 재형은 스스로 '지팡이'가 되리
라 마음먹었다."

"명훈이는 내려달라고 했지만 재형은 내려놓을 수 없었다"

아래 이어지는 내용은 읽는 이의 가슴을 저릿하게 만든다.
보통 20대 중반의 청년이라면, 젊음을 무기로 세속적인 즐거
움에 심취하는 게 보통이다. 이들은 달랐다. 삶에 대한 진지한
고민이 느껴지는 두 사람만의 '특별한' 우정을 읽어보자.

"명훈이가 고등학교 2학년 때였다. 하굣길에 신촌 부근에서 내린 둘은 평소와 다름없이 명훈이는 양손에 책가방을 들고 재형이는 명훈이를 업고 집으로 향했다. 차에서 내려 집까지 중간쯤 왔을 때 등 뒤에 업힌 명훈이가 갑자기 배가 아프다고 호소하기 시작했다. 주위를 둘러보았으나 공중변소나 화장실이 있을 만한 곳이 없었다.

명훈이는 등에서 내려달라고 했지만 재형이는 내려놓을 수가 없었다. 우왕좌왕하는 사이에 명훈이는 등에 업힌 채로 실례를 하고 말았다. 처음으로 재형이는 명훈이가 우는 걸 보았다. 그 눈물은 다 큰 녀석이 길거리에서 실례했다는 부끄러움에서 나오는 눈물이 아니었다. 그때까지 감추고 스스로 극복하려 했던 신체의 결함이 사소한 곳에서 아픔으로 되살아난 그런 눈물이었다.

그날 밤 둘은 명훈이의 집에서 같이 밤을 새워가며 인간의 육체와 정신을 이야기했다. 그리고 그것을 극복할 수 있으려면 서로 믿는 것 이외에 방법이 없다는 걸 깨달을 수 있었다.

열심히 노력한 끝에 재형이는 75년에, 명훈이는 76년에 서울대 법대에 입학했다. 명훈이는 기숙사로 들어갔다… 그러나 눈이 오는 날이면 강의실까지 가기 어려울 것이라며 아침 일찍 찾아와 주는 재형이를 볼 때마다 명훈이는 '사랑'을 보는 것 같은 뭉클한 느낌을 어쩔 수가 없었다. 그때마다 명훈이는 성경(聖經)의 '로마서'에 나오는 구절을 외었다. "내가 헬라인이나 유대인이나 야만인에게 모두 빚진 자이니라." (……) "

최재형 원장은 《조선일보》 인터뷰에서 "둘이 같은 길을 갈 수 있게 된 것은 앞으로도 서로 도우라는 하느님의 계시인 것 같아요. 앞으로 저나 명훈이나 많은 문제에 부딪히겠지만 훌륭히 극복할 것으로 압니다"라고 말했다. 최 원장은 또 "명훈이는 다른 사람들이 자기를 보는 눈을 어색하지 않게 받아들일 줄 아는 아량이 있을 뿐 아니라 지체가 자유스러운 사람보다 훨씬 넓은, 사랑할 줄 아는 마음이 있으니까요"라고 친구 강명훈에 대한 깊은 마음을 표현했다.

강명훈 변호사는 기자에게 "고등학교뿐 아니라 사법연수원 2년간도 함께 통학했었다"며 "잠시의 선행(善行)이 아닌, (진심으로) 장기간 친구를 도왔던 이가 최재형"이라고 말했다. 강 변호사는 "몸이 아픈 친구를 도왔던 일이나 아이 둘을 '가슴으로 낳은' 일 모두 기독교인으로서, 신앙의 힘 덕분"이라고 했다.

이런 아들을 바라보는 아버지의 마음은 어땠을까. 아무리 선(善)한 일이라고 해도 아버지 입장에서는 안타까웠을 법하다. 최영섭 대령의 말이다.

"(재형이는) 원래부터 착한 애예요. 뭐, 걔는 본성이 착한가 봐요. 지금도 아침 8시에 매일 문안 인사를 올려요. 대학생 때도 자기 스스로 학비를 벌었어요. 재형이 친구들도 다 착해요. 명훈(강명훈 변호사)이도 그렇고, 지금 기독교 계통의 모 재단 사무총장으로 있는 김○○이도 그렇고…. 세 명 다 신촌교회 청년부 출신이거든요."

"최재형 장로는 삶과 신앙이 일치"

최재형 원장이 오랫동안 출석해온 신촌교회를 찾았다. 그곳에서 남진희(35) 목사와 꽤 긴 시간 이야기를 나눌 수 있었다. 남진희 목사는 신촌교회에서 7년째 일하고 있으며, 최재형 원장과 깊은 교분을 나눴던 목회자다. 그와의 일문일답이다.

— '장로 최재형'은 어떤 사람입니까.

"요즘 한국 교회 내에서 장로라고 하면 '덕스럽지 못하다'

는 이야기가 많이 나옵니다. 장로가 어떤 계급처럼 일반 신도들과 다른 계층으로 여겨지는 경우가 있습니다. 저도 다른 교회에서 사회적으로 명망이 있는, 좋은 분들을 많이 만나봤습니다. 저는 그분들의 인품을 대부분 '학습된 겸손'에서 나온다고 생각했어요. 그에 비해 최재형 장로님은 참 보기 드문 분입니다."

— 어떻게 보기 드뭅니까.

"최재형 장로님은 신앙이나 삶이 괴리되지 않아요. 항상 일치해요. 아름다운 사람이라 해도 가까이서 보면 흠이 보이잖아요? 근데 이분은 아니에요. 늘 한결같고 소탈해요. 이분은 자기만의 분명한 원칙이 있고, 그게 일관됩니다. 심지어 이런 생각도 했어요. '판사들이 다 이런 건가' 법관에게 이런 이야기 하면 좀 웃길 수 있지만 '이분은 법 없이도 살 수 있겠다' 하는 생각이 들어요."

— 구체적인 사례가 있습니까.

"올해 초 우리 교회 집사님이 돌아가셨을 때 얘깁니다. 이 집사님은 변변찮은 직장도 없고, 가족도 몸이 안 좋은 아들만 있는 분이셨어요. 보셨다시피 우리 교회(신촌교회)는 굉장히 서민적인 교회입니다. 우리 교회에서 그 집사님께 잘 보인다고 어떤 이득을 얻을 게 아무것도 없어요. 그런데 최재형 장로님은 그분 장례에 오셨어요. 현직 감사원장이 장례에 오신 거죠. 이미 조화(弔花)를 보냈음에도요. 얼굴만 내밀고 가신 게 아니라 계속 자리를 지키셨어요. 장로님은 교회 내의 모든 경조사(慶弔事), 특히 조사엔 빠짐없이 다 참석하세요."

— 장로라는 책임감에 그랬을 수도 있지 않습니까.

"4년 전 이야기를 해드릴게요. 그때 최 장로님이랑 필리핀 선교를 갔어요. 필리핀 같은 곳에 선교를 가면 어린아이들이 정말 많이 몰려옵니다. 그럼 준비한 선물도 다 동이 나 아이들을 돌려보낼 수밖에 없어요. 그래서 장로님께 '포화 상태라 더는 안 될 것 같습니다. 내일 일정도 있고요'라고 말씀드렸더니 '애들이 얼마나 상처받고 돌아가겠나. 그냥 돌려보낼 수 없다'면서 준비해 간 바람개비를 나눠 주시더라고요."

2016년 최재형 감사원장은 필리핀 선교를 갔을 때 현지 아이들에게 선물로 바람개비를 만들어 주었다. 당시 선교를 담당했던 남진희 신촌교회 목사는 "이 모습을 보고 많은 사람들이 감동했다"고 회고했다. 사진=신촌교회 제공.

'바람개비' 일화

— 바람개비요?

"그냥 돌려보낼 수 없으니 바람개비라도 주자는 거였어요. 바람개비 중에는 행사하느라 구겨진 것도 있고 그랬거든요. 빨리 애들한테 줘서 돌려보내야 하는데 최재형 장로님은 바람개비를 하나씩 하나씩 다 확인하시더라고요. 구겨진 걸 일일이 편 다음에 제대로 돌아가는지까지 확인하신 거죠. 장로님은 '우리가 선교를 하러 왔으니 아이들에게 감동을 줘야 한다'는 생각을 하신 거 같아요. 한 사람 한 사람을 위하는 장로님의 마음을 깊이 깨달을 수 있는 시간이었습니다. 그날 밤 우리끼리 피드백을 하면서 장로님의 그런 모습을 상기하면서 '한 사람 한 사람을 섬기는 마음을 갖자'고 다짐했을 정도니까요."

남진희 목사는 최재형 원장의 이 모습을 촬영한 영상이 있다고 했다. 기자는 그 영상을 볼 수 있었다. 필리핀 선교지에서의 최재형 원장은 판사도 장로도 아니었다. 그곳 아이들과 한데 어울려 순수한 모습으로 함께 호흡하고 있었다.

남 목사는 필리핀 선교 당시 최재형 감사원장이 적은 기도 제목도 보여줬다. 필리핀 선교를 떠남에 있어 일종의 '마음가짐'을 적은 글이었다. 최재형 원장의 기도 제목은 '선교 과정이 정결할 수 있도록 해달라'는 것과 '주님의 마음으로 필리핀 사람들을 사랑할 수 있도록 해달라'는 것이었다. 남진희 목사는 또 다른 일화를 들려줬다.

"선교를 갔던 필리핀 불라칸(Bulacan)은 제대로 인프라가 갖춰진 곳이 아니에요. 빈민가죠. 사실 씻는 것도 아주 불편해요. 물이 제대로 안 나오는 곳이니까요. 잠자리도 불편해 남자들은 조그마한 예배당에 대충 매트 깔고 누워

필리핀 선교지에서 짐을 옮기는 최재형 감사원장. 남진희 신촌교회 목사는 최재형 원장을 "늘 솔선수범하는 분"이라고 했다. 사진=신촌교회 제공.

자야 하는 상황이죠. 최재형 장로님은 그런 곳에서 그냥 주무세요. 절대 숙소를 따로 잡지 않으세요. 다른 데에서 잠시 쉬었다가 행사 때 잠깐 얼굴 비치는 그런 것도 없어요. 공항 출발부터 현지(現地)에서까지 우리랑 똑같이 참여하는 거죠. 짐을 나를 때에도 더 솔선수범하세요. 거기 기자가 있겠어요, 아니면 감시하는 사람이 있겠어요? 그런데도 평소랑 똑같이, 그리고 진심을 담아 행동하시는 겁니다."

— 침식(寢食)을 같이했으니 '날것 그대로의' 최재형 원장을 많이 봤겠습니다.

"하루는 일정이 끝나고 저녁에 최재형 장로님은 물론 교역자들이 다 함께 샤워를 했어요. 물 사정이 안 좋으니 찔끔찔끔 나오는 물로 다 같이 씻고, 등 밀어주고 그랬죠. 사실 장로님도 연세가 있고 사회적 지위가 있는데 발가벗고 샤워하는 게 쑥스러울 수 있잖아요. 장로님은 그런 권위의식이 없어요. 그냥 허물없이 함께 샤워를 했어요. 그러곤 다 같이 선풍기 켜고 앉아 그날 있었던 일들에 대해 이야기를 나눴죠. 참 행복한 시간이었습니다."

'작은 예수'

— 아까 말한 소탈함이 그런 모습인 거 같습니다.

"소탈하다는 말로는 좀 부족하죠. 그냥 적선(積善)하듯이 베푸는 게 아니라는 거죠. 보통사람들의 눈높이에서 바라보고 호흡하고 생활하는 그런 장로님의 모습에서 우리도 완전히 충격을 받았습니다. 기독교에는 '작은 예수'라는 말이 있어요. 예수가 그랬듯 작은 자, 보잘것없는 자를 진심을 다해 섬기는 사람들을 흔히 '작은 예수'라고 일컬어요. 아마도 최재형 장로님이 '작은 예수'가 아닐까 조심스럽게 생각해봅니다."

— 감사원장이 된 후에도 뵌 적이 있습니까.

"1부 예배 '호산나 성가대'에 매주 나오셨어요. 지금은 코로나19로 비대면 예배가 됐지만, 그전까지는 성가대 활동을 계속하셨어요. 감사원장 취임 후, 우리 교회 부교역자(부목사)들을 초대해줘서 (감사원에) 한번 간 적이 있어요. 가면 직접 원두커피를 내려주세요. 장로님이 커피를 좋아하세요. 그래서 좋은 원두 있으면 우리에게 나눠도 주세요. 장로님 중에는 일부 공직(公職)을 맡으면 교회에서 하던 봉사를 내려놓는 경우가 많아요. 최재형 장로님은 교회에서 맡은 봉사에 다 참석하세요. 근데 본인이 드러나는 자리는 안 가세요.(웃음) 농어촌 선교 같은 데 가면 앞에 나가서 몇 마디 이야기할 법도 한데 그런 건 전혀 안 하세요. 이분이 집중하는 건 딱 두 가지, 전도(傳道)와 봉사입니다."

— 부인 이소연 씨는 어떻습니까.

"부인도 장로님과 똑같아요. 신앙심이나 인품 전부 다요. 우리 교회에서 주방 봉사를 하세요. 원래 장로님 댁이 서울 목동입니다. 이소연 권사님은 목동 지역에서 집사 두 분이랑 같이 협력하면서 그 지역을 위해 봉사를 많이 하

188

세요. 아주 화기애애하고 분위기가 좋은 곳입니다."

가족 그 이상의 가족… 두 아들 이야기

두 아들의 '입양'도 살펴볼 필요가 있다. 강명훈 변호사는 기자에게 "최재형 원장을 말할 때 기독교와 관련해 꼭 이야기 해주면 좋겠다"고 당부했는데, 그 사례 중 하나가 바로 '입양' 이었다.

최재형 원장 부부에게는 두 딸이 있고, 그 밑으로 아들 둘을

최재형 감사원장이 어린 막내아들과 함께 촬영한 사진. 과자를 입에 물고 있는 모습이 재미있다. 사진＝부인 이소연 씨 페이스북

각각 2000년(차남)과 2006년(장남) 입양했다. 흔히 '가슴으로 낳아 기른다'고 표현하지만 이는 쉬운 게 아니다. 게다가 최재형 원장 부부는 한 명이 아닌 둘을 자녀로 받아들였다. 여기엔 어떤 사연이 있는 걸까. 최영섭 대령이 말하는 '입양 스토리'다.

"며느리(이소연 씨)가 서울 동대문 근처에 있던 고아(孤兒)들을 기르는 기관에서 봉사를 했어요. 거기서 핏덩어리를 맡아 1년 정도 봉사 차원에서 키웠는데, 그때 정이 많이 들었나 봐요. 그래서 결심을 한 거죠. 그렇게 받아들인 아이가 지금의 둘째 아들이에요. 내가 재형이한테 그랬어요. '네 나이가 이제 50줄에 접어드는데 괜찮겠냐'고요. 재형이 부부는 이미 결심을 굳힌 것 같더라고요."

최영섭 대령은 손자에 대해 이렇게 말했다.

"재형이 첫째 아들이 나처럼 해군에 입대했잖아요. 근데 이 녀석이 사격에서 1등을 했다고 그러더라고. 나중에 갑판병으로 배정될 때에도 10등 이내로 들어갔다고 하대요. 손자 두 놈이 나를 좋아해요.(웃음) 그중 큰놈이 나한테 '할아버지 제가 군대에서 배운 게 있어요' 그러대. '뭐냐'고 물었더니 '인생을 사는 데 노력한 만큼, 땀 흘린 만큼 리워드(reward·보상)가 있다는 걸 알았습니다' 하대요.

큰놈은 손재주가 있어서 지금 패션 디자인 계통에서 일하고 있어요. 재형이 부부가 두 아들을 살뜰하게 키웠어요. 그건 내가 너무 잘 알지."

최재형 감사원장 부부가 '가슴으로 낳은' 두 아들에게 지극 정성이었다는 건 여러 계통으로 확인이 된다. 과거 최재형 원장 부부와 서울 목동 아파트에서 함께 살았던 한 법조인의 회고다.

"최재형 원장은 제가 살던 아파트 바로 아래층에 사셨어요. 막내아들이 초등학생 때인가, 아마 그랬을 거예요. 하루는 막내아들이 등교하면서 준비물을 두고 집을 나섰나 봐요. 그랬더니 (최재형) 원장님 부부가 집 밖에까지 나와 챙겨주더라고요. 모르는 사람들이 봤으면 그저 '친아들 챙겨주고 있겠거니…' 했을 거예요. 최재형 원장 부부는 아들들에게 헌신, 그 자체였습니다. 아마 '가슴으로 낳았다'는 걸 모르는 사람도 있었을 겁니다."

"아들을 보내려니 허전합니다"

최재형 원장의 차남은 지난 8월 17일 육군에 입대했다. 그래서일까. 최재형 원장 카카오톡 계정에는 '○○야 힘내라'라고 써 있다. 여기서 '○○'(이)가 바로 최 원장 차남이다. 극진한 '아들 사랑'은 아내 이소연 씨의 페이스북에서도 확인된다. 2014년 2월 25일 이소연 씨가 페이스북에 올린 글 중 한 대목이다.

"즐거운 꿈을 또 꾸었습니다. 사람들이 내게 딸 두 명의 엄마라 할 때, 제 맘속에는 항상 딸들뿐 아니라 아들들이 내게 있을 거 같은 그 당시로는 이상한 확신 같은 것이 있었습니다. 제가 알 수도 없었던 소망을 주께서 주셨던 거 같아요. 우리 막내 ○○가 중국으로 유학을 떠납니다. 손목이 부러지기 전까지는 전혀 상상할 수도 없었던 일입니다. 병원에 입원해 있는 동안 하나님께서 ○○의 마음을 만지셨습니다. ○○가 어릴 적 엄마를 쳐다보던 그 눈길에서 저는 주님이 날 보시면 이리 사랑스런 눈으로 보실 거 같은 생각이 들었습니다. 그 아들을 보내려니 허전합니다. 날개를 달고 넓은 곳으로 비상하려는 우리 아들 축복해주며 웃으며 보내주렵니다."

"내가 받은 상처 많아 아들들을 일반 학교에 넣고 싶지 않았다."

차남(막내아들)은 중국 하얼빈(哈爾濱)에 있는 기독교 계열 학교로 진학했다. 이소연 씨는 차남을 이 학교에 입학시킨 이유를 다음과 같이 설명했다. 2014년 2월14일자 페이스북 글이다.

"내가 학교 다닐 때는 선생님들은 늘 '멀기만 한 당신'이셨다. 고등학교 때는 특히 힘들었다. 잔디를 아이들이 모르고 밟으면 잔디에 백 번씩 절하라는 학교, 조회시간에 조금이라도 움직이면 불려 나가 전교생 앞에서 뺨 맞는 학교, 수업시간에 선생님과 눈 마주치면, 지난 시간에 배운 거 물어봐서 모르면 교실 끝에 밀려가도록 때리던 선생님…. 선생님들을 생각하면 가슴이 떨리고 두려움이 생기곤 했다. 내가 받은 상처가 많아서인지, 나는 내 아들들을 일반 학교에 넣고 싶지 않았다…. 자존감이 낮은 우리 아이들이 받는 대우를 미리부터 너무 겁먹었던 것 같다.

아이들을 키우면서 참 좋은 선생님들을 많이 만날 수 있었다. 이제 ○○(차남)가 6년을 다니던 학교를 떠나 하얼빈이라는 먼 곳에 있는 만방학교로 간다. 꿈에도 생각지 못한 일이었는데, 하나님이 새로운 길을 여셨다. 오늘 종업식으로 드림학교, 이 정든 아름다운 학교를 떠난다.

교장 선생님, 선생님들의 퇴임식이 아이들과 선생님, 엄마들의 눈물 바다가 되었다. 배고파하는 아이들을 위해 늘 간식 준비해놓고 기다리시는 선생님들, 내가 엄마인지 선생님이 헷갈릴 정도로 아이를 이해해주시던 선생님들…. 부족함에도 불구하고 늘 장점으로 격려해주시던 분들, 아이들 한 명 한 명에게 편지 써주시는 교장 선생님. 아이들이 어떻게 행복하게 공부할 수 있을까 늘 기도하시는 우리 사랑스러운 선생님들. 고마워요. 당신들의 사랑의 수고로 우리 아들들, 아니 저까지 치유받고 떠납니다. 사랑해요. 감사해요."

이소연 씨가 2012년 3월 7일 남긴 글에서도 두 아들에 대한 사랑이 듬뿍 배어 나온다.

"○○(장남)이가 두레자연학교에 입학을 했다. 자기는 안 춥다고 고집부리며 이불도 안 가져간 아들이 추워진 날씨 때문에 걱정스럽다. 에구 옷이라도 입고 자겠지…. ○○(차남)는 지각할까 봐 노심초사 5시 반에 일어나 준비하고 7시면 나간다. 오늘도 8시에 도착했다고 기쁜 목소리로 전화 왔다. 학교가 멀지만 씩씩하게 다니는 ○○가 고맙다."

이소연 씨는 이화여대 의류직물학과를 졸업했다. 이소연 씨의 선친이자 최재형 감사원장의 장인은 서울대 법대를 졸업하고, 중견 기업을 운영했던 고(故) 이해원(2015년 별세) 씨다. 장녀인 이소연 씨 밑으로 여동생 둘, 남동생이 한 명 있다.

'Here I stand, help me God!'

지난 9월 2일 최재형 원장의 동생 최재민(62) 원장을 찾았다. 최재민 원장은 서울 양재동에서 소아과를 운영 한다. 최재민 원장을 찾은 이유는 동생이 생각하는 형의 모습이 궁금해서였다. 남자 형제끼리는 서먹한 듯하면서도, 때론 흉금 없이 이야기를 털어놓을 수 있는 '묘한 사이'라고 할 수 있다. 그것은 서로에 대해 가장 객관적인 입장을 견지할 수 있다는 뜻이기도 하다.

최재민 원장은 "나하고 형은 특별한 추억이 없다"며 "병원에 환자들 외에 다른 사람이 와선 곤란하다"며 기자의 방문에 난색을 표했다.

때마침 이날은 최재형 감사원장의 생일이었다. 최재민 원장은 형(최재형 감사원장)에게 보낸 생일 축하 메시지를 보여주며

별말 없이 "읽어 보라"고만 했다. 최재민 원장은 형의 생일을 축하하며 '미션(mission·사명)'을 강조하고 있었다. 최재민 원장은 그 이유에 대해 이렇게 설명했다.

"형이 감사원장으로서, 지금 국가 현안을 다루고 있는데 그게 형에게 부여된 미션이죠. 그 미션을 사심(私心) 없이, 무엇이 최선인지 국민의 입장에서 현명히 판단해달라는 당부를 담은 겁니다. 이런 간단한 메시지 외에 형과 전화 통화도 안 합니다. 혹시라도 불이익이 갈까 봐요."

최재민 원장은 지난 7월 29일 최재형 감사원장에게 보낸 메시지도 보여줬다. 이날은 최재형 감사원장이 국회 법제사법위원회에 출석한 날이었다. 최재형 원장이 월성 1호기 감사 과정과 관련해 "정치적 중립성을 위배한 적이 없다"고 강조하며 여당 의원과 설전(舌戰)을 벌인 바로 그날이다.

최재민 원장은 국회 출석을 앞두고 있는 형에게 문자 메시지를 보낸 것이다. 메시지 속엔 마르틴 루터(Martin Luther·1483~1546)가 했다는 'Here I stand, help me God'이라는 말이 써 있었다. 최재민 원장은 이 메시지를 보낸 이유에 대해서도 설명했다.

"마르틴 루터가 종교개혁을 했잖아요. 신성로마제국 황제 카를5세가 마르틴 루터를 만나자고 했어요. 황제가 루터에게 (종교개혁에 관한) 신념을 버릴 것을 종용하려고 부른 거죠. 황제는 하루의 시간을 더 줍니다. 다음 날 루터는 황제 앞에서 '하나님 제가 교황 앞에 서 있지만, 저는 하나님의 진리를 배반할 수 없습니다. 제가 여기 서 있겠으니 하나님이 알아서 해주십시오. 육신은 저 사람(교황)에게 있지만, 제 마음은 하나님 앞에 서 있습니다. 저를 살펴주십시오(Here I stand, help me, God!)'라고 부르짖은 겁니다. 즉 진리를 아니라고 말할 수 없다는, 배반하지 않겠다는 마르틴 루터의 고백을 형에게 보낸 것입니다."

그 후 마르틴 루터는 파문(破門)을 당해 바르트부르크 성(城)에 숨어 지내야 했다. 숨어 있는 동안 루터는 일반 시민 누구나 읽을 수 있도록 신약성경을 독일어로 번역했다. 이것이 훗날 '면죄부(免罪符)'를 팔며 타락했던 구교(舊敎)에서 신교(新敎)가 갈라져 나오는 종교 개혁으로 승화됐다.

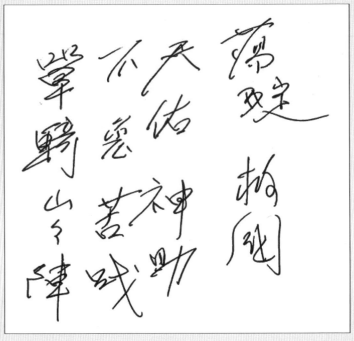

최영섭 대령이 최재형 감사원장에게 써준 네 개의 사자성어. 단기출진(單騎出陣) 불면고전(不免苦戰) 천우신조(天佑神助) 탕정구국(蕩定救國). 위 사진 역시 최영섭 대령이 친필로 기자에게 써준 것이다.

부친(父親)이 최재형 원장에게 써준 네 개의 사자성어

기자는 이 문자 메시지에서 많은 생각이 들었다. 그중 마르틴 루터가 처해 있던 500여 년 전 상황과 최재형 원장이 지금 겪고 있는 상황을 떠올려봤다. 마르틴 루터에게 있어 진리란 무엇이었고, 최재형 원장에게 있어 진리는 무엇일까. 피할 수 없는 상황과 마주한 최재형 원장은 지금 무슨 생각을 하고 있을까.

부친 최영섭 대령이 한 말도 문득 떠올랐다. 최영섭 대령은 최재형 원장이 감사원장으로 발탁됐을 때, 특별히 다음과 같은 네 개의 사자성어를 써줬다고 한다.(해석은 기자가 임의로 붙인 것이다.)

"단기출진(單騎出陣) 홀로 진지를 박차고 나가면,
  불면고전(不免苦戰) 고전을 면치 못하는 상황이 올 수도 있다.
  천우신조(天佑神助) 그럴 때 하늘(하나님)에 도움을 구하면,
  탕정구국(蕩定救國) 나라를 안정시키고 구할 수 있다."

거기에 더해 최영섭 대령은 최재형 원장을 비롯한 자녀들에게 항상 "의연하게 살라"고 가르쳐 왔다고 했다. 마르틴 루터가 한 말과 최영섭 대령이 일러준 네 개의 사자성어, 그리고 '의연함'은 최재형 원장이 처해 있는 상황을 잘 말해주고 있을 뿐 아니라, 최재형 원장이 나아갈 방향까지도 미리 알려주고 있는 듯하다.

*위 글은《월간조선》의 허락을 득한 후 게재한 것임을 알려드립니다.

우리가 '배워야' 할 최재형 감사원장 부부 '사랑의 기술'[2]

"입양한 자식이라 그러냐"…불안한 아이를 사랑으로 보듬어

양부모의 끔찍한 학대로 사망한 정인이 사건으로 입양이 사회적 화두로 떠오른 가운데 두 아들을 입양해 어엿하게 키운 최재형(65) 감사원장 부부의 입양 스토리에 이목이 쏠리고 있다. 최 감사원장은 큰딸 지원(38), 작은딸 예원(34)을 낳은 뒤

최재형 감사원장 가족사진. [한국입양홍보회 홈페이지 캡처]

[2] 2021년 1월 31일에 발행된 《주간동아》 1275호에 실린 글이다. 한여진·오홍석 기자가 취재하여 기사를 썼다. 원문을 그대로 싣는다.

2000년 막내아들 진호(22·당시 9개월), 2006년 큰아들 영진 (26·당시 11세)을 차례로 입양했다.

"사람은 태어나면 행복하게 살 권리가 있다. 하지만 세상에 태어나자마자 불운한 아이들이 있다. 이런 아이를 입양해 사랑으로 키우겠다."

최 감사원장이 두 아들을 입양하면서 아버지에게 한 말이다. 최 원장 아버지는 해군사관학교 부교장을 지낸 최영섭 예비역 해군 대령이다. 최 대령에게 최 원장이 입양한 두 아들을 어떻게 키웠느냐고 물으니 "아들 내외가 별 탈 없이 키웠다. 작은손자는 갓난아기 때 입양했지만 큰손자는 11세에 입양해 입양됐다는 사실을 알고 자랐다"며 "그래서 큰손자는 엄마, 아빠가 꾸짖을 때마다 '입양한 자식이라 이렇게 못살게 하느냐'고 따지기도 했다더라. 그것 말고는 평범하게 컸다"고 답했다.

"입양한 두 아들 자기 자신처럼 키웠다"

최 대령은 큰손자 영진 씨와 2016년 6월 28일 부산 사직야구장에서 열린 프로야구경기에 시구자와 시타자로 나서기도

프로야구 경기에서 시타 하
고 있는 큰아들 최영진 씨.
[뉴스1]

했다. 해군과 롯데자이언츠가 진행한 '호국보훈의 달' 이벤트
에 당시 현역 해군 병사이던 영진 씨와 할아버지 최 대령을 초
대한 것이다. 최 대령은 "어느덧 장성한 손자들이 나를 많이
좋아한다. 얼마 전 군에 입대한 작은손자가 기특하게도 사탕
을 잔뜩 사왔다"면서 손자에 대한 애정을 표현했다.

　　최 원장의 죽마고우 강명훈 변호사는 전화 인터뷰를 통해
"자식 키우는 게 힘들고 어렵긴 다 마찬가지 아니겠느냐"며
"최 원장도 별반 다르지 않았지만 입양한 아들 둘을 자기 자

최재형 감사원장. [뉴스1]

식처럼 키웠다. 가족끼리 만나도 보통 부모, 자식과 다를 바 없는 모습이었다"고 전했다. 강 변호사는 최 원장이 고교 시절 소아마비 친구를 업고 등하교했다는 유명한 일화 속 주인공이다.

1956년생인 최 원장은 경기고와 서울대 법대를 졸업했다. 1981년 사법고시에 합격해 사법연수원(13기)을 거쳐 판사로 재직했다. 이른바 엘리트 코스를 밟고 감사원장까지 오른 터라 권위주의적이고 딱딱할 것 같지만, 주변 지인들은 '인간 최재형'을 두고 소탈하고 온화하며 인간적이라고 입을 모아 이야기한다. 큰아들 영진 씨가 졸업한 두레자연고등학교의 한

교사는 "최 원장 부부가 학부모 모임에 자주 참석했는데 검소하고 소탈해 학부모들 사이에서 평이 좋았다"며 "아이들과 관계도 돈독했고, 오래된 트라제 자동차를 타고 다녀 많은 학부모가 고위공무원인지 몰랐다"고 최 원장의 소탈한 면모를 강조했다.

성장일기에 묻어나는 아들 사랑

최 원장 부부가 큰아들 영진 씨와 막내아들 진호 씨를 '가슴으로 낳아 키우게 된' 시작은 이렇다. 최 원장과 부인 이소연 씨는 독실한 크리스천으로 봉사 활동을 열심히 하는 것으로 유명하다. 2000년 이씨가 보육기관을 통해 갓난아기를 돌보는 봉사 활동을 했는데 그만 정이 들어 아이를 입양한 것. 그 아이가 막내아들 진호 씨다. 큰아들 영진 씨는 9년 후인 2009년 입양했다. 당시 영진 씨 나이가 11세였다. 최 원장 부부는 이렇게 입양한 두 아들의 성장일기를 한국입양홍보회 사이트 '영진·진호네집' 코너에 공개적으로 쓰며 입양에 대한 편견을 없애는 데도 노력했다. 일기에는 아이들이 커가는 모습부터 학교에서 사고 친 이야기, 훈육에 대한 고민까지 평범한 가정의 모습이 고스란히 담겨 있다.

최재형 감사원장 부부가 인터넷에 쓴 '영진·진호네집' 일기. [한국입양홍보회
홈페이지 캡처]

아래는 2004년 3월 31일 최 원장이 '영진·진호네집' 코너
에 올린 일기 중 한 대목이다.

'빨래통을 뒤집어쓴 뒤 로봇으로 변신했다면서 돌아다니
는 진호를 빨래통 속에 넣고 흔들어주니 좋아서 어쩔 줄
모른다. 진호는 점점 자라고 아빠는 점점 늙어가니 이제
이렇게 흔들어줄 수 있는 날도 얼마 남지 않은 것 같다.'

이 글에는 어느덧 훌쩍 자란 아이가 대견하면서도 한편으로는 서운한, 평범한 아빠의 마음이 고스란히 담겨 있다.

부인 이씨는 2004년부터 2011년까지 8년간 '영진·진호네 집' 코너에 일기를 썼는데, 2009년 9월 16일 글에서는 큰아들 영진 씨를 훈육하며 고민하는 엄마의 모습을 엿볼 수 있다.

'온 가족이 영진이가 발로 찬 여자아이 집에 사과하러 갔다. 영진이는 무안하고 어색하니까 괜히 실실 웃고 있다. 어디서 웃음이 나오느냐고, 똑바로 잘못했다고 말씀드리라고 엄하게 이야기했다. 영진이는 화가 나면 왜 그렇게 되는지 모르겠다고 했다.'

이어 이씨는 '11세에 우리 집에 온 영진이, 그때 아이가 느꼈을 외로움, 두려움의 감정을 잘 읽어주지 못했던 것 같다. 가정이라는 좋은 환경으로 오게 됐다는 관점으로 아이를 보았기에 영진이가 겪었을 감정들로 인해 맘이 쓰라렸다'며 세심하게 아이 감정까지 보듬는 모습을 보였다.

2010년 7월 22일 큰아들 영진 씨를 뉴질랜드 크리스천 스쿨에 보내고 이씨가 쓴 일기의 한 대목은 이렇다.

'영진이가 우리를 대하는 태도는 굉장히 까불거나 불평하거나 둘 중 하나였다. 아빠가 한마디 하면 한 마디도 안 지고 속사포처럼 대든다. 이 녀석은 야단칠 때도 사랑을 쏟아부어야 끝난다. 영진이의 빈 침대를 보면 많은 생각이 떠오른다. 지원이(큰딸)는 영진이가 없으니 너무 허전하다고 몇 번을 말한다. 남편(최 원장)은 날마다 영진이 소식 온 것 없냐고 물어본다. 이 녀석아, 우리는 널 사랑하고 있단다. 많은 것을 느끼고 배우고 오리라 믿는다.'

1월 18일 문재인 대통령이 신년 기자회견에서 "양부모의 마음이 변할 수 있기 때문에 일정 기간 안에 입양을 취소한다든지, 아이하고 맞지 않는 경우 입양 아동을 바꾼다든지 그런 대책도 필요하다"고 발언한 뒤 인터넷 게시판에는 "최재형 원장을 보고 배워야 한다"는 의견이 쏟아졌다. 물론 그 후 강민석 청와대 대변인은 "문 대통령은 사전위탁보호 제도를 언급한 것인데 의미가 왜곡됐다"고 해명했다.

전 국민이 요즘처럼 입양에 관심을 보인 적이 있던가. 입양 아동을 우리는 어떻게 대해야 할까. 2011년 언론 인터뷰에서 최 원장은 "입양은 진열대에 있는 아이들을 물건 고르듯이 고르는 것이 아니다. 아이 상태가 어떻든 아이에게 무언가를 기대해 입양해서는 안 된다"고 입양에 대한 견해를 밝힌 바 있다. 또한 "입양은 평범한 아이에게 그가 놓칠 수도 있었던 평범한 가정사를 누릴 수 있는 기회를 제공하는 것일 뿐"이라고도 했다. 최 원장의 과거 발언과 두 아들의 성장일기에는 우리가 배워야 할 것이 많다.

* 위 글은 《주간동아》의 허락을 득한 후 게재한 것임을 알려드립니다.

대선 전망

점쟁이도 틀린다. 누구도 2022년 대선(대통령 선거)의 결과를 정확히 예언할 수 없다. 불가능하다. 다만 구체적인 근거와 현실적 상황을 토대로 관측은 가능하다. 냉정하게 들여다보자.

표를 보면, 3월 4~5주 차 빼고는 단 한 번도 윤석열이 이재명을 이긴 적이 없다. 이겼다는 내용의 기사는 모두 ARS(자동

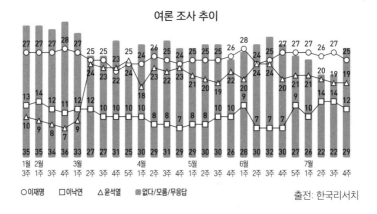

여론 조사 추이

○이재명　□이낙연　△윤석열　■없다/모름/무응답

출전: 한국리서치

응답기) 포함 여론 조사다. 정확도에 근거한 조사는 위 표뿐이다. 조사전문가들에 따르면, 3월에는 '안철수' 효과가 남아 있어서 그렇다고 한다. 중원의 효과가 그나마 작용했기 때문이다. 그 이후 계속 처지다가 '이준석 효과'를 6월 초에 본다(6월 둘째 주, 24퍼센트씩 동률). 하지만 이 또한 잠시였을 뿐이고 현재 격차가 벌어지고 있다.

왜 이런 결과가 나오는 걸까? 일단 주관적 전망의 검은 베일을 벗어야 한다. 주변에 같은 부류만 있다면 비슷한 얘기만 듣게 되기 때문이다. "내 주변은 그렇지 않은데, 조사가 잘못된 거지?"라는 식이다. 그런데 그렇지 않다. 여론 조사 기관을 신뢰할 필요가 있다. 다음으로 2017년 탄핵 이후 보수정당에 대한 국민의 평가를 봐야 한다. 탄핵 전이나 그 후 지금까지 도대체 '국민의힘'이 한 일이 뭐가 있는가? 반사이익을 자

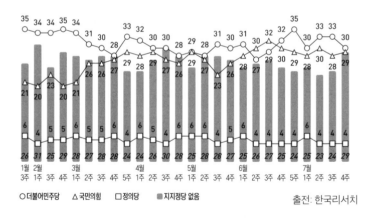

신이 잘해서 받은 줄로 아는 것도 능력이라면 능력이다. 국민은 여·야가 마찬가지라는 인식을 가지고 있다. 고만고만하다는 식이다. 그러니 포텐셜은 있어도 선뜻 '국민의힘'을 지지하지 않는 것이다.

'국민의힘'의 지지도가 30퍼센트에 갇혀 있다. 이준석 당대표 선출 시점에만 두 차례 이겼다. '젊은 대표'를 뽑았다고 지지도가 훌쩍 오르지는 않는다. 검증되지 않은 리더십이기 때문이다. 실험에 성공했다고 국정 운영을 맡기겠는가. 여기에 대통령의 국정 운영 지지도는 일관되게 흐르는 모습을 보인다.

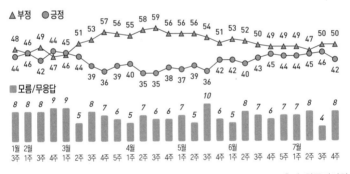

출전: 한국리서치

문재인 대통령이 당선될 때 얻었던 득표율(2017년, 41.1퍼센트)이다. 비록 부정적인 대답을 한 사람들이 많지만, 어떤 사람들이 생각하듯 나쁘지는 않다는 것이다. 이것은 무엇을 뜻하는가? 아직 '탄핵의 효과'가 작동하고 있다는 의미다.

국민은 아직도 '정권을 쥐도 운영을 못 하는' 정치 세력에 믿음을 주지 못하고 있다. '또 그런 오류를 범하여 국민의 얼굴에 먹칠하면 어떻게 하지?'라는 부담이 있다. 이러한 부담은 내가 점수를 따서 만회해야지 타인의 잘못에 기대어 회복할 수는 없다. 민주당과 정부가 자책골을 넣고 또 넣어 차이가 좁혀졌지만 여기까지다. 결승골은 누가 넣어주지 않는다. 그러니 '국민의당'은 증명해야 할 필요가 있다. 새롭게 변했음을! 당당하게 실력으로 공을 몰고 골대 한가운데 넣어야 한다. 그래야 관중이 환호하고 지지를 보낼 명분이 생긴다. 여기서 새로운 선수가 필요하다. 기대를 한몸에 받을 수 있는 선수 말이다. 교체만으로도 판을 바꿀 수 있는, 그런 당당하면서도 보수를 새롭게 각인할 수 있는 그런 선수를 팬들은 요구한다.

대선 주자 적합도를 보자. 여당 후보들을 따로 구분, 수치를 더해보자. 이재명 25퍼센트, 이낙연 12퍼센트 등이다. 1퍼센트

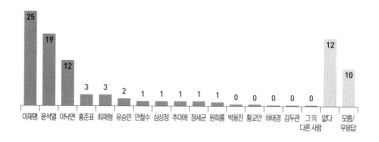

출전: 한국리서치

는 세지 않았다. 합이 37퍼센트이다. 반면 야당은 어떤가? 윤석열 19퍼센트, 홍준표 3퍼센트, 최재형 3퍼센트, 유승민 2퍼센트 등이다. 마찬가지로 1퍼센트는 뺐다. 합이 27퍼센트이다. 물론 1대 1 구도로 물을 경우 결과가 달라질 수 있다. 하지만 이 정도만으로도 결론은 나온다. 야당이 이기기가 쉽지 않다는 결론 말이다. 물론 여당도 무시할 수 없다. 박빙으로 이기거나 숫제 질 가능성도 농후하기 때문이다.

여기서 최재형과 '최재형'을 본다. 아직 인지도도 없다. 그의 삶에서 풍겨 나오는 향기가 멀리 가지 못했다. 단지, 법관 출신이고 감사원장을 역임했다는 것만 알려져 있다. 이것은 원하는 데로 이미지를 구축하고서 공을 찰 수 있다는 것을 뜻한다. 페이스메이커로 부상할 수 있을 뿐만 아니라, 골대를 향해 단독 질주도 가능하다. 보수에 대한 국민적 이미지를 획기적으로 뒤집으면서 대통령 선거의 품격마저 바꿀 수 있는 인물이라고 생각한다. 하지만 가능성일 뿐이다. 똥볼을 찬다면 기회는 없다.

국회의원 선거가 외상빚 받는 것처럼 그동안의 평가에 기초한다면, 대통령 선거는 미래를 위한 대출과 같다. 당겨 쓰는 것이다. 새로운 비전과 희망을 누가 더 많이 제공하고 믿음을 주느냐로 판가름이 나는 것이 대통령 선거.

'탄핵의 강'을 정말 건넜는가?

소위 '친박'이니 '친이'니 하며 서로 싸우다가 스스로 "탄핵의 강을 건넜다"라고 선언한다. 맞는가? 그렇지 않다. '국민의힘'을 지켜보고 있는 일반 국민의 생각은 다르다. 탄핵 전후 그리고 지금까지 "탄핵이 정당했다", "아니다! 탄핵이 틀렸다" 등 자기들끼리 폭탄 돌리다가 게임을 멈춘 것뿐이다. 아직도 '탄핵의 망령'은 검게 드리워져 있다. 탄핵을 자초할 수밖에 없었던 국정 운영 능력, 가짜뉴스에 휘둘리면서 아직도 자신들의 잘못이 무엇인지 깨닫지 못하는 정치적 수준이 탄핵의 본질이기 때문이다.

'이준석 효과'로 탄핵의 강을 건넜다고 말한다. 아직 허리까지밖에 안 들어왔는데 말이다. 강 건너 땅에 도착하려면 멀었다. 공간의 문제가 아니다. 국민의 생각과 마음의 문제다.

'이들에게 국정을 맡겨도 되는가?'
'또다시 광화문의 혼란으로 우리를 인도하지는 않을까?'
'바뀐 것이 없는데, 어떻게 탄핵의 멍에가 벗겨질까?'

'이준석'이 그 준거가 될 수 없다. 단지 실험이라고 본다. 그것도 '탄핵의 문제'처럼 증명해야 할 과제다. 그러니 2022년

214

대통령 선거는 야당과 보수 진영에 주어진 하나의 기회다. 지난 2018년 10월, 이해찬 당시 민주당 대표는 평양에서의 행사 만찬 때 잔을 높이 들며 '민주당의 30년 집권'을 노래한 적이 있다. 그 이유가 '탄핵의 효과' 때문이다. 가만 있어도 수렁에서 헤어나오지 못할 보수 진영과 야당을 보며 한 말이다. 오만의 극치였다. 결국, 여당은 패착을 두다가 5년 만에 권력을 뺏길 수도 있는 상황까지 밀려 왔다. 하지만 야당과 그 후보자들의 수준이 그들의 운명을 결정할 것이다.

'최재형 효과'를 유의미하게 지켜보는 이유다. '진짜가 나타났기 때문'이다. 누구도 이의를 제기할 수 없는 인물, 최재형이 '의혹의 눈초리'를 벗겨내고 새로운 정치에 대한 희망을 제대로 던질 수 있다고 보기 때문이다. 탄핵의 때가 묻은 낡은 정치와는 다른, 전혀 다른 '무언가'를 있는 그대로 전달할 수 있다고 믿는 것이 과도한 생각일까? 물론 최재형이 '최재형'의 의미를 깨닫지 못해 그들 사이에서 자신의 진가를 밝히지 못한다면 결국 가능성만 남을 것이다.

왜 보수를 혁신해야 하는지를 깨달아라!

말 한마디, 행동 하나에 국민은 반응한다. 지혜롭지 못한 언행은 하늘의 것이 아니다. 인간적 욕망의 결과이다. 본격적으로 문을 연 '대통령 선거라는 경기장'은 결승 테이프를 누가 끊고 들어올지를 무심히 지켜보고 있다. 그래서 여당과 달리 야당에 주어진 이번 대선의 의미는 남다르다. 그것을 깨달아야 한다. 최재형이 '최재형'과 일치해야만 하는 이유다.

대통령이 되고자 한다면 안 될 것이다. 불타서 재가 되는 고통을 감내해야 한다. 판을 뒤집는 페이스메이커가 되어야 한다. 최재형을 비롯한 모든 이에게 기회를 주는 것이 '최재형'의 역할이다. 그곳에서 진정한 '권력의지'가 피어난다. 의혹이 감동으로 변하는 순간, 국민의 마음이 열릴 것이다. 비로소 탄핵의 강을 건너게 될 것이다. 모든 보수의 문제를 걸머지고 십자가의 길을 재촉할 때, 보수는 부활한다.

자신이 대단하다고 생각하지 말라. 거기에 함정이 있다. '탄핵'에서 자유롭지 않은 기성 정치인에게 너무 의존해서도 안 된다. 자신의 길을 가라. 새로운 보수, 새로운 정치, 새로운 희망의 아이콘이 되어야 한다. 그 아이콘이 바로 '최재형'이다. 판단을 못 내리고 주저하는 '법관'으로부터 새롭게 태어나야

216

한다.

짧은 시간이지만, 보수를 혁신시킬 기회를 거머쥘 때, 대통령 선거는 비전으로 다가올 것이다. 최재형에게 기회가 온다.

2022년 대통령 선거의 관전 포인트

보다 의미 있게 대선을 바라보는 지점이 있다. 이제 야당에서도 본격적인 경선이 시작될 것이다. 양당의 후보자가 누가 될 것인지, 어떤 이미지와 포지셔닝으로 설 것인지 대한민국을 걱정하는 유권자라면 아래의 사항을 유념하며 관전해보기를 추천한다.

골든 크로스(golden cross)는 일어날 것인가!

1위가 바뀌는 것이다. 다자간 대결 또는 양자 간 대결에서도 1위와 2위가 바뀌는 것이다. 변화의 시작이다. 역전(逆轉)이다. 그러나 반전(反轉)이 일어나면 뒤집기는 쉽지 않다. 이런 경우는 대부분 굳어진 껍질을 벗기고 나온다. 이는 새살, 새로운 희망의 가시적인 징표이기 때문이다.

▷하나, 여·야 간 '그레이트 골든 크로스(great golden cross)'

여당의 주자가 누가 될지는 모르지만, 지금까지 야당의 1위가 여당의 1위를 제대로 이겨본 적이 거의 없다. 항상 뒤처지고 있다. 탄핵 이후 여기까지 온 것도 다행이다. 그래도 욕심을 더 부려보자. 이제 8월 말부터 본격적으로 야당의 경선이 시작되면서 컨벤션 효과가 발생한다. 개인에 초점을 맞춘 토론은 물론, 정책에 대한 논쟁도 커진다. 그럼으로써 관심이 집중될 것이다. 문제는 쟁점과 내용이 '시대정신'을 반영하고 있느냐, 국민적 관심과 감동을 끌어낼 수 있느냐이다. 솔직히 여당의 경선은 예측 가능한 수준에서 고만고만하게 진행되고 있다. 한참 전부터 누가 승자가 될 것인지 다 안다. 그러니 흥행에선 실패했다.

야당은 어떨까? 만약 여당에 못 미치거나 턱걸이를 한다면 골든 크로스는 일어나지 않을 것이다. 오히려 이는 야당이 정신을 차리지 못했다는 방증이 될 것이다. '이준석 체제'는 냉혹한 평가를 받을 것이다. '기성 정치의 하나일 뿐'이라면서 말이다. 그러니 컨벤션 효과를 어떻게 기획할 것인지가 관건이다. 국민이 원하는 정치인은 어떤 자인지를 깨달을 기회가 되어야 한다. 이는 모든 후보자와 캠프가 져야 할 숙제다.

218

두 번의 기회가 있을 것이다. 한 번은 9월 하순 추석 연휴 기간 전후다. 코로나19로 국민적 대이동은 어렵겠지만 여론이 형성되는 주요한 계기가 될 것이다. 민주당은 9월 초 권역별 순회경선을 시작한다. 대전·충남, 세종·충북, 대구·경북, 강원을 돌고 1차 선거인단 투표 결과를 9월 12일 발표한다. 이른바 슈퍼위크다. 여기서 1위를 한 여당 후보와 비교하면서, 9월 중순(15일) 1차 컷오프에서 올라온 야당 대선 주자 여덟 명을 평가할 수 있다. 추석 연휴에 누가 더 입에 오르고 내릴지가 벌써 궁금하다.

두 번째 기회는 여기다. 더불어민주당은 10월 10일(~중순)경 3차 슈퍼위크(서울·경기)를 통해 대선 후보를 결정한다. 국민의힘에서는 맞물린 시기인 9월 말에서 10월 초, 2차 컷오프로 네 명을 확정한다. 이때 모든 언론은 여당의 후보와 야당의 후보를 1대 1로 붙여 여론 조사를 시행할 것이다. 누가 경쟁력이 있을까? 경선은 내부의 경쟁자와 씨름하는 것이자 동시에 링 밖에 있는 상대 당 후보와 벌이는 신경전이다. 그러니 내부의 경쟁이 본선의 경쟁력으로 귀결되지 않으면 실패한 것이다. 국민은 모두 지켜보고 있다. 10월 중순, 전화 면접 조사로 시행한 여론 조사의 결과가 의미 있게 나와야 한다. 네 명 중 최소한 한 명은 이기거나, 최소 두 명 이상이 박빙의 결과를 보여야 한다. 모두가 오차 범위 밖에 있는 것으로 관측된다면, 골든 크로스의 기회는 멀어질 것이다.

흔히들 마지막 기회로 국민의힘이 대선 후보를 결정하는 10월 초를 얘기한다. 1대 1로 붙어봐야 알 수 있다는 얘기다. 일견 맞는 말이다. 하지만 그때는 풀이 죽어 차이가 조금 더 벌어지거나 굳어질 가능성이 크다. 이미 4대 1에서 경우의 수를 봤기 때문이다. 국민의힘에서의 1등이 대한민국의 1등은 아니다. 지금도 당 지지도는 더불어민주당에 밀리고 있다. 드라마틱한 전개가 없다면, 골든 크로스도 없다.

▷ 둘, 야당 내 '리뉴얼 골든 크로스(renewal golden cross)'

부동의 1위를 제치고 바짝 따라온 2위가 골든 크로스를 만들 수 있을까? 일단, 누군가 치고 올라와야 한다. 붐업(boom-up)이 되지 않고서는 여·야 간의 골든 크로스도 불가능하다. 지금은 한참 앞서가는 1위와 저 아래의 고만고만한 2위 무리가 있을 뿐이다. 기적이 일어날 수 있을까? 누군가가 '다른 점'을 부각하면서 2위 무리에서 치고 나오면 국민적 관심이 그에게 집중될 것이다. 1~2위의 거친 숨소리와 둘 사이에서 발생하는 긴장감은 온 나라를 과열시킬 것이다. 선두를 향한 경쟁은 정권 교체의 긍정적인 희망으로 이어질 것이다.

이를 위해서는 '페이스메이커'가 필요하다. 자신뿐만 아니라 달리고 있는 모든 후보와 이를 지켜보고 있는 국민에게 '새로운 전율'을 선사할 선수가 나와야 한다. 하지만 점잖은 척, 있어 보이는 척하는 순간 다 사라진다. 기회는 두 번 오지 않는다.

지금의 야당 경선은 국민에게 어떻게 다가가는지가 중요하다. 우리가 나라를 얼마나 사랑하는지 보여주는 무대가 되어야 한다. 우리가 새로운 정치에 얼마나 목말라하는지 증명하는 무대가 되어야 한다. 우리가 과거와 단절하고 새로운 미래로 나아갈 수 있는 역량을 얼마나 키워왔는지를 인정받는 자리가 되어야 한다. 그 가운데에서 흥행이 일어나야 한다. 지금의 분위기로는 정권을 또다시 내줄 수밖에 없다. 1위와 경쟁할 새로운 '2위'가 필요하다. 예상외로 치고 나오는 '누군가'가 판을 새롭게 만들어야 한다.

변화의 가능성을 만들 기회는 그레이트 골든 크로스 시기와 맞물릴 것이다. 경선이 시작될 8월 말부터 9월 중순까지 흥행의 기반을 조성하지 못한다면 '리뉴얼 골든 크로스'는 물건너간다. 추석 연휴가 지났는데도 저 아래에 2위 후보 무리가 자리하고 있다면 낭패다. 그건 국민에게 새로운 무언가를 보여주지 못했기 때문이다. 결국 김빠진 경선이 될 것이다. 심지어 더불어민주당의 후보가 결정되는 10월 초에도 여전한 모습을 보일 경우, 분위기는 붐업이 아니라 다운될 것임을 명심해야 한다.

선수도 중요하지만, 선수가 뛸 무대도 중요하다. 그래서 무대 기획도 중요하다. 무대의 설계와 공연 기획에 따라 흥행이 좌우되기도 한다. 대표적인 사례가 '미스 트롯'이다. 선수들의 장점을 국민에게 제대로 드러낼 기회를 주기 때문이다. 과연 국민의힘은 기회를 살릴 수 있을까?

▷셋, 최재형과 '최재형'의
'스피릿 골든 크로스(spirit golden cross)'

최재형이 각성하지 않으면 '최재형'과 만나는 골든 크로스는 일어나지 않는다. 최재형과 그를 둘러싸고 있는 일군의 사람들이 깨닫지 못하면 '최재형'을 통해 실현하고자 하는 희망은 손에 잡히지 않는 무엇이 되고 만다.

최재형의 말과 행동이 아마추어 최재형에 머물러 있어 정치 초년생을 떠올리게 한다면, 절대 골든 크로스는 일어나지 않는다. 이 지점이, 또 다른 관점에서, 이번 대통령 선거가 남다르게 다가오는 이유다. 최재형이 '최재형'을 따라잡는 골든 크로스가 일어나지 않는다면 붐업이 일어나기도 어려울 것이다. 아니, 불가능하다고 본다. 그러면 앞의 두 골든 크로스도 난망한 일이 될 것이다.

'지금' 각성해야 한다. '소명'이 또렷해져야 한다. 과거의 최재형에게서 벗어나야 한다. 국민의 '최재형'으로 거듭나야 한다. 뼈를 깎는 고통이 뒤따르겠지만, 감내해야 한다. 그렇지 않으면 모든 희망은 물거품이 될 것이다. 시야를 넓혀라! 국민의 운명과 대한민국의 미래를 느껴라! 십자가를 지는 것이 어떤 것인지를 깨달아라! 경선의 판, 보수의 판, 대한민국의 판을 뒤집는 '최재형'으로 변화하라! 바로 지금, 이 순간!

기왕에 주어진 기회를 잃지 않기를 바란다. '세 개의 골든 크로스'가 일어날 때, 대한민국의 운명도 새롭게 바뀔 것이다. 필자는 바로 그 역사적인 현장의 목격자가 되기를 소망해본다.

'한 번도 경험해보지 못한 나라'를 위하여!

"기회는 평등하게, 과정은 공정하게, 결과는 정의롭게!"는 문재인 대통령의 취임사에서 대표적인 내용이다. 많은 국민들이 이 내용을 보고 얼마나 희망에 부풀었던가. 그러나 역시 기대가 크면 실망도 크다. 지난 5년을 돌아보면 "기회는 불평등했고, 과정은 불공정했고, 결과는 정의롭지 못했다"가 아닌가! 왜 그랬을까?

필자는 이 정부 초기의 진정성을 의심하고 싶지는 않다. 문재인 대통령도 아마 그런 나라, 그런 정부를 만들고 싶었을 것이라고 본다. 그런데 문재인 대통령은 어디서부터 무엇을 잘못 꿰었을까? 혹자는 '제왕적인 대통령 중심제'가 원인이라고 주장한다. 일리 있는 말이다. 그래서 "개헌만이 살길이다!"라고 주장한다. 대통령 4년 연임제와 결선투표제 등을 도입하면 된다는 말이다.

하지만 세계 여러 나라의 정치제도를 들여다보면서 필자는 의문이 생겼다. 많은 나라들이 다양한 정치제도를 수용하고 있지만, 그 제도들 중 완전한 제도는 없다. 그래서 우리와 마찬가지로 곡절에 따라 다양한 문제가 발생한다. 이런 것을 보면 제도의 개선도 중요하지만, 그것이 완벽한 해법은 아니라는 것도 알 수 있다. 물론 1987년 6월의 항쟁으로 만들어진 '1987년 체제'를 정비하고, 지난 30여 년간 변화된 시대에 맞춰 개선할 필요는 분명히 있다. 그러나 문재인 정권이 대통령 선거 때의 공약과는 다르게 엉뚱한 곳으로 간 것마저 모두 '제도의 탓'으로 돌릴 수는 없다.

현 문재인 정권은 '사람이 희망'이라는 주장도 했다. 하지만 이 정부가 그러면서 앞세웠던 사람들은 훼방꾼들이었다. 대통령의 말과는 반대로 가도록 운전대를 틀었다. 즉, '제도'가 문제를 일으킨 한 축이었다면, '문재인의 사람들'은 그것을 촉진했다. 심지어 '사람이 재앙'일 수도 있다는 단적인 사실마저 보여주었다. 역사를 보라! 사람이 희망을 만들지만, 절망으로 인도하기도 한다. 독일인들은 자신들이 선거로 뽑은 아돌프 히틀러 때문에 광대한 국토를 잃었고, 1990년까지 분단의 아픔도 겪었으며, 지금도 전 세계에서 전과자 같은 대우를 받고 있지 않은가!

무릇 정치인이란 겉으로 보이는 모습이 다가 아니다. 과연 그 사람이 그만한 능력을 갖추었는가 또한 별개의 문제다. 필자가 보기에 어쩌면 대통령 문재인과 그의 사람들은 따로국밥이 아니라 '하나의 그릇'이 아닌가 싶다. 즉, 문재인 대통령부터 그를 보좌하는 사람들 하나하나까지 모두 동일한 문제를 지니고서 출발했고, 그래서 작금의 대한민국의 현실이라는 '생각지 않은 결과'를 앞에 두고서 감히 누구를 탓할 수도 없으니 갸우뚱하고 있는 것은 아닐까 싶다.

필자는 이러한 상황을 이렇게 규정하고 싶다. "운동권 논리가 만들어낸 마지막 몸서리침"이라고 말이다. 사실, 부정적인 뭔가를 떼어낼 때 우리는 몸서리를 친다. 특히 우리 대한민국 국민들은 참으로 오랫동안 몸서리를 쳐야 했다. 마지막 남은 분단국가이기에 냉전 시대의 환경이 아직도 남아 있기 때문이다. 더 이상 이처럼 몸서리를 칠 수는 없다. 이런 것은 문재인 정권의 시대에서 끝나야 한다!

문재인 정권이 출범하던 때를, 그리고 문재인 정부가 추진했던 그간의 정책들을 상기해보라. 그저 관객들에게 재미를 주고서 돈을 벌 목적으로 만들어진 영화 한 편을 보고 국가의 중대사인 원자력 발전 정책을 폐기했다. 그러면서 지지자들이 "원자력 발전은 싫지만 원자력 잠수함은 갖고 싶다!"고 하니 우리 해군에 원자력 잠수함 보유를 위한 연구를 지시했다고 한다. 소위 '적폐 청산'에 마냥 몰두하다 보니 어느새 그들 자신이 청산해야 할 적폐가 되었다. 북한의 꾐에 넘어가 체제 전복을 시도하던 자들이 영웅이 되어 대한민국의 곳간과 그것의 운명을 책임지고 있다.

문재인 정권과 현재의 여당인 더불어민주당과 그 지지자들에게는 오직 '내 편' 그리고 '네 편'만 있다. 사실과 진리가 끼어들 자리는 없다. 진영논리의 폐해 때문이다. 그런데 그들은 자신들이 초래한 이런 상황을 자랑스러워하면서 망국(亡國)으로 향하는 고속도로를 열심히 닦고 있다. 정말 몸서리치도록 만드는 현실이다!

지금 우리는 이를 털고 가야 한다! 긴 시간에 걸쳐 대한민국의 발목을 잡고 갈 길을 막아서던 386 운동권의 망령을 말이다! 유통기한이 지나서 푹 썩고 냄새나는 철 지난 이념은 박물관으로 보내버리자. 그 자리에 '최재형'을 통해서 본 새로운 희망이 자리를 잡게 하자. 부정적이고 혐오스러운 운동권의 리더십을 쓰레기통에 버리자. 대한민국을 희망찬 미래로 인도할 새로운 정치가 최재형 신드롬에서 비롯되고 있으니까!

그러니 "하면 된다!"는 정신으로 일궈낸 '한강의 기적'이

'한반도의 기적'으로 다시 태어나도록 모두 하나가 되자! '한강의 기적'이 과거의 대한민국을 현재로 이끌었다면, '한반도의 기적'은 세계가 대한민국과 함께 나아가는 대변혁의 시발점이 될 것이다.

마지막 퍼즐 한 조각, 그리고 퍼즐 그림의 완성을 향하여

근·현대사의 소용돌이와 정쟁의 한가운데에서 우리는 마지막 퍼즐 조각을 찾았다. 바로 '최재형'이다. 대한민국을 깎아내리는 운동권의 부정적인 역사관을 뚫고서 마침내 '최재형'이 모습을 드러냈다. 그래서 대한민국의 많은 사람들이 안도하고 있다. "우리가 잘못 살아온 것이 아니다!"라는 역사적 당위성과 명분을 얻었기 때문이다. 이는 세대를 이어 대한민국의 정통성과 애국심을 키워온 '최재형' 가문의 모범을 통해 절망 속에서 희망을 봤기 때문이다.

이제 우리는 퍼즐을 완성해야 한다. 마지막 한 조각을 퍼즐 그림판에 끼워 넣음으로써 대한민국의 새로운 비전을 그림으로 나타내야 한다. 1등 국민, 1등 기업, 1등 문화에 이어 1등 정치로 나아가는 데 필요한 마지막 작업이 이로써 개시된 것이다!

필자가 이 글을 쓰는 동안 정치적 환경이 매우 빠르게 바뀌어왔다. 최재형이 감사원장직에서 사퇴한 뒤 국민의힘에 입당했다. 정치인의 길을 본격적으로 걷기로 한 것이다. 이에 대해 최재형 신드롬을 형성하는 팬덤의 반향이 컸다. 최재형이 곧 대선 출마를 공식화할 것임을 드러냈기 때문이다.

아마 최재형은 이 책이 출간되었을 때쯤에는 본격적인 대선 후보로 뛰고 있을 것이다. 솔직히 '정치 초년생' 아닌가! 최재형이 대한민국 국민들에게 기대와 희망을 선사할지, 아니면 높고 험악한 정치의 벽을 체험하는 과정에서 그칠지는 아무도 모른다. 하지만 확실한 것이 하나 있다. "비로소 진짜가 나타났다!"라는 것이다.

최재형은 메이크업이 필요한, 만들어진 이미지가 필요한 기성 정치인들과는 다르다. 있는 그대로의 모습 그 자체만으로도 빛나고 감동을 주는 표상 같은 정치인이다. 자잘한 정치 논리에서 허접한 비전을 찾거나 지지자들의 말 몇 마디에 흔들거리는 정치인이 아니라, 대한민국의 과거와 현재 그리고 미래를 관통할 비전을 갖춘 정치인이다! 대한민국 국민들이 이제껏 보지 못했고 이후로도 쉽게 보지 못할 '진짜'가 나타난 것이다! 그리고 바로 그 '진짜'에 놀라고 감동한 결과가 최재형 신드롬인 것이다.

필자는 '최재형'의 등장이 한국 정치에 새로운 바람을 불어넣었으면 한다. "정치는 아무나 할 수 있는 것이 아니며, 또한 해서도 안 된다!"는 사실을 여실히 보여주었으면 좋겠다. 사실, 이런 점은 현 정부를 보면 너무나도 절실하게 느낄 수 있지 않은가. 그러니 최재형은 말이 아니라 삶으로 믿음을 주고 행동으로 앞장서는 정치를 했으면 한다. 그리고 최재형이 대통령이 됨으로써 이런 정치문화가 대한민국에도 뿌리를 내렸으면 한다.

또한 대한민국 국민들이 '최재형'을 통해 해묵은 갈증을 해소하기를 바란다. 많은 사람들이 그러했듯이 '최재형'의 모습에서 긍정적인 희망 그리고 대한민국의 밝은 미래를 찾았으면 한다. 가슴속의 뜨거운 애국심과 대한민국에 대한 자긍심을 되찾았으면 좋겠다. 우리 앞에 온 '진짜'를 통해 손에 잡히는 희망을 구하기를 간절히 소망한다!

최재형 대통령 후보에게

최재형에게는 최재형 신드롬이 힘이 될 수도 있고, 반면에 짐이 될 수도 있다. 최재형과 '최재형'이 다르지 않다면 최재형 신드롬은 최재형에게 힘으로 작용할 것이다. 다만 최재형의 팬덤은 입으로 전해지고 글로 읽은 '최재형'의 모습에서 희망을 찾은 사람들이다. 아마도 최재형이 가자고 하면 이들은 흔쾌히 따라나설 것이다. '최재형'이 피워내는 감동적인 스토리와 향기에 힘입어 '정치적 우울증'을 극복해낸 사람들이기 때문이다.

대통령 선거의 공간에서 최재형만의 새로운 정치를 어떻게 보여줄 수 있을까? 정치는 그가 이제껏 활동했던 법조계와는 다른 영역이기 때문이다. 그래도 필자는 '최재형'이 존재 자체만으로도 힘이 되기에 종합예술이라고 일컬어지는 정치에서도 그의 힘을 발휘하리라 본다. 그리고 '최재형'이 자신의 또 하나의 숨은 역량을 드러내기를 바라마지 않는다.

그렇다면 그런 것이 어떻게 가능할까? 후보자를 돕는 선거 캠프의 사람들을 보면 답을 알 수 있다. 역대 대선을 보면, 이길 거라는 확신 속에서 자기 일처럼 신명 나게 뛰는 사람들이 있는 선거 캠프의 후보가 이겼다. 필자는 마치 바이러스처럼 최재형 신드롬이 번져가듯이, 최재형의 비전과 희망이 대한민국 구석구석을 밝게 비추며 번지기를 바란다. 최재형이 등판한 것만으로도 2022년 대통령 선거의 양상은 달라지고 있으니까.

최재형 전 감사원장, 아니 이제는 대통령 예비 후보다. 당신에게서 희망을 본다. 그래서 필자는 최재형 신드롬을 기쁘게 받아들였으며, 지금은 당신을 통해서 새로운 정치를 본다! 새로운 대한민국을 본다! 이는 전국에 있는 모든 '최재형'의 한결같은 마음이기도 하다.

함께 '손에 잡히는 희망'을 만들자!

본관: 해주 최씨

종교: 기독교

가족: 이소연(아내, 전업주부), 자녀(2남 2녀)

출생 및 성장, 활동

1956년 9월 2일 경상남도 진해시에서 대한민국 해군 대령
으로 예편한 아버지 최영섭과 어머니 하동 정씨 정옥경의 4형
제 중 차남으로 태어나 서울에서 자랐다. 경기고등학교(71회)
와 서울대학교 법과대학 법학과를 졸업했다. 1981년 제23회
사법시험에 합격하고, 1983년 사법연수원(13기)을 수료한 뒤
대한민국 육군 법무관으로 3년간 복무하고, 1986년 판사로
임용되었다. 2018년 1월 2일 감사원장에 임명되어 재직하다

가 2021년 6월 28일 사의를 표명하고 퇴임했다.

정계 입문

감사원장직에서 사퇴한 지 9일만인 2021년 7월 7일에 정치 참여 의사를 공식화했다. 최재형은 이날 언론과의 통화에서 "이 나라와 사회를 위해 어떤 방식으로 기여할지를 고민했다. 그 결과 정치에 참여하겠다는 생각을 갖게 됐다"고 말했다.

7월 8일, 1928년생인 부친이 별세했는데 장례식에 참석한 기자들에게 고인의 유언이 "대한민국을 밝혀라! 소신껏 하라! 신중하게 행동하라!"였다고 밝혔다.

최재형은 주변 사람들에게 다음과 같이 말했다고 전해진다. "내가 정치 경험이 없다는 걸 알고, 그게 흠이 될 수 있다는 것도 안다. 나는 '정치 초보'가 맞다"라면서 "새로운 시대가 안고 있는 다양한 과제를 푸는 것은 경험이 아니라 정치철학에 달린 문제다. 그걸 해낼 자신이 있다"고 말했다.

한편, 미래를 위협하는 국가 재정 문제, 기회 박탈에 더해 기성세대에서 비롯된 짐까지 짊어져야 하는 청년 세대 문제, 소외된 국민 문제 등을 국가 과제로 꼽기도 했다.

7월 12일, 선친의 선우제를 마치고 백선엽 장군 묘역과 제2 연평해전, 천안함 피격 사건, 연평도 포격전 희생자 묘역을 참 배했다. 그리고 "정치에 뜻을 두고 앞으로 뚜벅뚜벅 걸어나갈 것"이라면서 "저희 아버지께서 마지막 말씀으로 남기신 것처 럼, 우리 사회 곳곳의 소외되고 어렵고 힘든 분들에게도 따뜻 한 빛이 비춰질 수 있는 나라를 만드는 것이 대한민국을 밝히 는 것으로 생각한다"는 발언으로 자신의 소신을 드러냈다.

2021년 7월 14일, 국민의힘에 입당하여 본격적으로 정치 인의 길을 걷기 시작했다.

주요 약력

1956년 9월 2일. 경남남도 진해시 출생

1969년 2월. 서울남산국민학교 졸업

1972년 2월. 한영중학교 졸업

1975년 2월. 경기고등학교 졸업

1979년 2월. 서울대학교 법학과 졸업

1981년. 제23회 사법시험 합격

1983년. 제13기 사법연수원 수료

1983년. 육군 법무관

1986년 9월. 서울지방법원 동부지원 판사

1989년 3월. 서울민사지방법원 판사

1991년 2월. 청주지방법원 충주지원 판사

1993년 3월. 서울지방법원 서부지원 판사

1994년 3월. 서울고등법원 판사

1995년 3월. 헌법재판소 파견

1997년 3월. 서울고등법원 판사

1998년 3월. 서울지방법원 판사

1999년 3월. 춘천지방법원 원주지원장

2000년 2월. 사법연수원 교수

2003년 2월. 서울지방법원 부장판사

2004년 2월. 서울중앙지방법원 부장판사

2006년 2월. 대구고등법원 부장판사

2006년 8월. 서울고등법원 부장판사

2012년 9월. 제50대 대전지방법원 원장

2012년 9월. 제23대 대전광역시선거관리위원회 위원장

2014년 2월. 서울가정법원 원장

2015년 2월. 서울고등법원 부장판사

2017년 2월. 제26대 사법연수원장

2018년 1월 2일. 제24대 감사원장

2021년 6월 28일. 감사원장직 사퇴

2021년 7월 14일. '국민의힘'에 입당

최재형 신드롬

1판 1쇄 인쇄일 | 2021년 8월 16일
1판 1쇄 발행일 | 2021년 8월 20일

지은이   임헌조
펴낸이   하태복

펴낸곳   이가서
주소   경기도 고양시 마상로 169, 풍산빌딩 401호
전화   031) 905-3593
팩스   031) 905-3009
등록번호   제10-2539호

ISBN   978-89-5864-362-3 03300